JN134038

彩図社

プロローグ

早朝、東京・武蔵野市の単身用マンションの一室で、東京電力社員の岩崎拓真（仮名、四二歳）は薄汚れた布団のなかで丸くなり、深い眠りのなかにいた。両脚を器用に折りたたみ、とぐろを巻くようにカラダに密着させている。

食卓代わりにしている炬燵の上では、半分ほど食べ残したインスタントラーメンが汁を吸って膨らみ、鍋の中で岩崎と同じように丸っこくなっている。自宅から歩いて一五分ほどの距離にある、現在の赴任先である武蔵野支社調布営業センターからほど近いスーパーで、夜食用に買ったものだ。

岩崎は東日本大震災の直後から東電の福島原子力補償相談室で約三年、賠償係として働いた後、内示により一年半年前からこの調布営業センター・料金係に出戻っていた。今日は土曜日。仕事は休みだ。前日は、いつものように夕方六時頃まで後輩や委託員たち（検針のおばちゃん）と仕事をしていた。

仕事終わりは同僚たちと居酒屋に行くのがいつもの流れである。その日は一つ下の後輩と飲んだくれてしまい、完全に二日酔い。もっとも酒豪の岩崎にとってはいつもと変わらぬ朝だ。

そんなとき、枕元に置いていたスマホの着信音がけたたましく鳴った。

〈——なんだ、こんな朝っぱらから。しかも休みの日に〉

その音を振り払うように応答ボタンを押すと、聞き覚えのある男の声がした。

「岩崎くん？　分かるよな」

「…………」

「警視庁の加藤だよ。開けてくれ」

〈——ついに来たのか……〉

ただの巡回ではないことは瞬時に分かった。

〈——嗚呼、やっぱり村田の件か〉

そう岩崎は微睡みのなかで察した。

何かの間違いだという気は一切おきなかった。刑事の加藤が予告なしで家に押しかけてきた瞬間、岩崎は村田の顔が頭に浮かんだのだ。

覚悟はできていたはずなのに、ついにそのときが来たかと思えば声にならなかった。村田が二〇一四年八月に逮捕されてから、約一年半。年月は過ぎ、事件のことがどんどん薄れていた。結局、もう自分が警察から事情を聞かれることはないと思っていたのに。

加藤の声と村田の事件が瞬時に合致したのは、確かに岩崎は村田と知り合いで、詐欺の片棒を担いだわけではない自負こそあったものの、賠償の手続きについては色々と教えてしまっていたからだ。

岩崎が頭に浮かべたのは、朝のニュース番組で元プロ野球選手の清原和博が覚せい剤で逮捕された映像だった。二日前に送検された続報では、ワゴン車に乗せられ俯く清原の姿が繰り返し報道されていた。賠償に絡み東電社員が捕まったとなれば、大きなニュースになるに違いない。プロ野球ファンで、ブライアントや清原など長距離バッターを好んでいた岩崎は、そのシーンを食い入るように見ていたのだ。自分も同じように世間を賑わしてしまうのだろうか。

村田の逮捕をインターネットのニュースサイトで知ったのは、調布営業センターに戻った直後のことだ。一緒に逮捕されたのは、一度だけ電話で話したことがある進藤らだった。

容疑は、東電から賠償金を騙し取ったことだった。ヤツらはNPOを隠れ蓑に、賠償請求の手続きを代行していたというのだ。十数社から委託を受け、計一億数千万円を東電に賠償請求していたという。

警視庁は、ほかにも不正な請求がなかったかを調べる方針だ。NPOの代表が久間章生元防衛相ということもあって、全国各紙で大々的に報じられた。

以下はその記事である。

■東電から賠償金詐取容疑　NPO元職員ら逮捕

東京電力福島第一原子力発電所事故で風評被害を受けたと偽り、東電から賠償金約一二〇〇万円をだまし取ったとして、警視庁組織犯罪対策三課は二日、NPO法人「東日本大震災原子力災害等被災者支援協会」（東京・中野）の元職員、進藤一聡容疑者（四二）＝東京都練馬区＝ら四人を詐欺容疑で逮捕した。組対三課によると、進藤容疑者は「正当な請求だと思っていた」と否認している。

組対三課によると、同協会は東電への賠償請求の手続きを代行しており久間章生元防衛相（七三）が代表を務めている。進藤容疑者は同協会の理事を名乗っていた。同協会は二〇一二年二〜六月、十数社から委託を受け計一億数千万円を東電に賠償請求しており、ほかにも不正な請求がなかったか調べる。久間氏から任意で事情を聴くことも検討している。

ほかに逮捕したのは、福島県郡山市の建設会社「益八」の役員、根本重子容疑者（五二）＝同市＝や同協会元職員の村田博志容疑者（五五）＝住所不定＝ら。組対三課は二日、同協会を家宅捜索し、パソコンや名刺などを押収した。

逮捕容疑は一二年四〜五月、益八が福島県でコンパニオンの派遣事業をしていると偽り「放射能漏れの影響でキャンセルが相次いだ」とした嘘の請求書類を東電に提出。賠償金一二〇〇万円をだまし取った疑い。

同協会は仮設住宅の供給など被災地の復興支援を掲げて一一年に設立。一一〜一二年の収入はゼロで、活動実態はなかったとみられる。

（「日本経済新聞」二〇一四年八月二日）

もちろん記事には、岩崎の名前はどこにも無かった。だから村田が逮捕されても岩崎は、「やっぱり事情を聞かれるのかな」くらいにしか思っていなかった。

前日痛飲したアルコールが残っていたこともあり加藤の声を聞いても岩崎は、さほど焦りはしなかった。こうして警察がやってきても、村田との関係をつぶさに説明すれば分かってもらえるはずだと、どこか高を括っていたのである。

岩崎は村田との関係を反芻しながらエレベーターでマンションのエントランスまで降りた。これから事情を聞かれるのだろうが、断じて詐欺の片棒など担いでいない、と答えるだけだ。

オートロックのガラス扉の向こう側には、加藤をはじめとする屈強な刑事たちが蝟集（いしゅう）し待ち構えていた。部屋の前まで来た刑事たちを入れて八人にはなろうかという人数だ。奥には護送車らしき黒色のエルグランドが見える。清原逮捕のテレビで見た、重大事件の犯人を逮捕するかのような物々しさ。甘く見ていた岩崎の動揺は、そのシーンを思い出して頂点に達した。まさに、いま、逮捕の瞬間が訪れると思ったのだ。

先頭には、詐欺の捜査協力をしていた顔なじみの刑事、加藤がいた。

加藤は、どこか達観したかのように言った。

「君にはヤラれたよ。とりあえず車に乗って調布署まで来てくれ」

加藤の指示に従い座ったシートの温もりがズボン越しに伝わってきたとき、ふと「清原もここに座ったのかな」と思った。おそらく刑事の誰かがさっきまでここに座っていたのだろう。そして清原と自分の姿を重ね合わせた岩崎は、なぜか愉快になった。

わき上がる狼狽からうまく感情を表現することができなかったのだ。まさか自分がこうなるとは思っていなかったので、突きつけられた現実に、感情が狂ったのかもしれない。

〈――これからどうなるんですか?〉

加藤に向けて岩崎が作ったその言葉は、声にはならなかった。

刑事の加藤は、膝を震わせ焦りの色を見せる岩崎を落ち着かせるかのごとく、言った。

「キミと知り合って、もう何年経つかな」

二年、いや三年だろうか。東電が起こしてしまった原発事故の賠償係として会社のために尽力し、ついには警察と協力して詐欺を取り締まる重要なポストを任せられるまでになった。そんななかで知り合った、刑事の加藤。渉外調査グループという部署のリーダー役として加藤とタッグを組み岩崎は、東電内部で「賠償詐欺捜査官」的な役割を担っていたのだ。

良い思い出ばかりではないが、やりがいのある仕事だったのは間違いない。できればもう一度、戻りたいとさえ思っていた。今度ばかりは村田に口添えしないと胸に刻んで。賠償係は、そう思わせるだけ刺激的な毎日だったのだ。

賠償係とは、二〇一一年三月に起きた東京電力福島第一原発事故で避難を強いられた個人や法人、風評被害を受けた法人、個人事業主に東電が補償する部署で、岩崎は主に法人と個人事業主を担当していた。原子力損害賠償支援機構法(※以下、原賠法)が二〇一一年八月に成立したのを受け、東電は同年九月から本格的な賠償を始めた。

原賠法とは、被害者への迅速かつ適切な損害賠償のための万全の措置、福島第一原子力発電所の状態の安定化・事故処理に関係する事業者等への悪影響の回避、電力の安定供給の三つを確保するために、国民負担の極小化を図ることを基本として、損害賠償に関する支援を行うことを目的に制定された法律である。

賠償は、この原賠法に基づき、原子力損害賠償支援機構（※以下、原賠機構）からの支援金をあてている。その支援金は、もとは公金や電気料金だ。東電によれば、二〇一九年七月一二日までで請求は延べ二九〇万件を超え、約九兆六二二億円という膨大なカネが被害者に支払われている。

報道などでご存知のとおり、そのなかには詐欺による支払い金も含まれる。先に記した村田が逮捕された事件も、その一つだ。この賠償詐欺が初めて世に出る引き金になった、二つの事件がある。以下はその記事である。

■原発賠償金詐取　東電被害四三〇〇万円　七容疑者逮捕

福島第一原発事故で風評被害を装い、東京電力から賠償金をだまし取ったとされる事件で、立件した被害総額は約四三〇〇万円に上ることが福島県警への取材で分かった。一九日に詐欺容疑で逮捕されたのは同県会津若松市宮町、会社役員、鈴木治夫容疑者（四五）ら男三人、女四人。（以下略）

（「毎日新聞」二〇一三年九月二〇日）

■風評被害装い申請、東電から賠償金詐取　二容疑者逮捕

東京電力福島第一原発事故による風評被害で人材派遣業の売り上げが落ち込んだとうそをつき、東電から賠償金を詐取したとして、警視庁は二日、アルバイト浅野博由容疑者（四四）＝横浜市神奈川区三ツ沢上町＝ら男二人を詐欺容疑で逮捕し、発表した。二人とも容疑を認めているという。（以下略）

（「朝日新聞」二〇一四年一月一六日）

これらは、いずれも岩崎が賠償詐欺捜査官として悪事を暴き、警察に通報して逮捕に至った事件だ。しかも原発事故の賠償請求を巡る詐欺事件の立件は、これが初めてだった。

つまり岩崎の協力がなければ、事件は明らかになっていないと言えなくもない。世のため、東電のために働いていたのだ。

しかし、その後、岩崎の人生は思わぬ方向へ転がっていく。村田との関係を疑われ、ついには連行されてしまったのである。

忘れもしない二〇一六年二月二七日土曜日。岩崎が東電に入社して二三年目のことだった。

ノンフィクションライター　高木瑞穂

本書は取材に基づいたノンフィクションですが、個人・法人の
特定を避けるため仮名を用いている箇所があります

黒い賠償

賠償総額9兆円の渦中で逮捕された男

目次

第一章　疑惑の共犯

取り調べ

飾り気のない調布署のフロアに、古びたエアコンが静かに温風を送っている。数人の刑事たちが飛び石でデスクに座っているが、会話はない。

　刑事の加藤を先頭に岩崎が横切ると、屈強な男たちが一斉に岩崎の方を向いた。その鋭い視線群に岩崎は、堪らず顔を伏せた。無理もない。これから取り調べが始まるのだ。

　小さな取調室に入ると、やはり顔見知りだった初老の富川刑事と若手の赤井刑事が続けて入ってきて、バタンと大きな音を立てて扉を閉めた。脱走防止のためなのだろう。窓はあるが、鉄格子のようなものが張られている。外から学生らしき集団の黄色い声が漏れ伝わり、富川が窓を閉めた。すると部屋の雰囲気がガラリと変わり、途端に重苦しい空気に包まれた。

　いたく冷えたパイプ椅子に座らされた。荒んだ空気のなか、腰を曲げて俯く岩崎に刑事は言った。

「大変なことをしたのは分かってるよな。五年、六年と罪を償うことになる。このままだと婆ちゃんの死に目にだって会えないぞ」

　まるで賠償詐欺事件で捕まった村田の共犯者であり、ともすれば首謀者だと言わんばかりの言い草だった。しかも高齢で、体調が思わしくない婆ちゃんのことまで知っているとは。果たして入念な下調べをした上でのことなのか。

「………」

もちろん村田との関係からすれば、自分に疑いがかけられることは理解できる。村田の知人である自分と、賠償係としての自分――。事件との関わりについてこの一年半、そう自問自答を繰り返してきたからだ。

しばらく黙っていた岩崎は、とにかく正直に事情を話そうと意を決した。

「村田とは賠償係になる前からの付き合いです」

「カネ欲しさに協力したんだろ？」

「確かに賠償の手続きについて聞かれたことには答えました。でも詐欺だと知っていたら協力していません」

恣意的な取り調べは丸二日間続いた。むろん供述調書にはサインをしていない。

三日目、刑事は言った。

「お前の言ってることには整合性がある」

何を、何度聞かれても同じ返答をしたからだ。嘘発見器にもかけられたがシロだった。

「ならお前は、ずっとソレの練習をしてたのか？」

刑事は、岩崎が嘯（うそぶ）く予行演習をしていたのかと皮肉交じりに言い放った。

「私は事実を話しているだけです」

しかし、なんど自分を見つめ直しても岩崎の答えは同じだった。

疑いは晴れぬまま取り調べは続いた。そして一〇日ほど経つと、その終わりが見えない刑事からの尋問は岩崎の脳裏に深く潜行し、「村田に手続きのことを話したのはマズかったのかも」と思わせるまでになっていた。

どうしてこんなことになってしまったのか。結果的に詐欺の片棒を担いでしまったのではないのか。いや、そんなことはない。あくまで原発事故の被害者の手助けをしただけだ。岩崎の胸にそんな思いが交錯する。

「村田さんの名前が警察から出てるよ。もうやめましょう。本当だったらヤバいよ」

賠償係になって一年半。警察から捜査協力を依頼された書類から村田の名前が挙がってきていたとき、関係を絶とうとそう言ったことを思い出した。だが村田は、全く意に介さなかった。

「うるせえ！　もう動いてるんだから、いまさらヤメらんねぇよ。もう俺とお前だけの問題じゃないんだ」

電話口の村田の声は次第に意地悪くなり、抑揚を帯びる。

「俺は商工ローンの事件で捕まったことがある。でもバックは絶対に謳わなかった。それで組織の信頼を得た人間なんだ！」

ヤクザまがいの人間ではと薄々感じていたはずなのに、こうもハッキリと言われればこれまでの因果が不安になる。

〈――もうこれ以上、村田に関わるのはマズいかもしれない〉

不吉な考えが脳裏をかすめたのは、その直後、村田がトドメとばかりにこう語気を荒げたからだ。

「俺は右翼にも蛇頭(じゃとう)にも知り合いがいるんだぞ！」

脅されたと感じた。これが、村田の真の姿なのか。岩崎はその後悔から連絡を絶つのがやっとだった。

接点

岩崎は一九九三年、東電に入社して一三年目に日本人女性と結婚して一児を授かる。しかし五年後の二〇〇九年冬には離婚。そして二〇一一年頃には中国籍の女性・林杏(リンシン)（仮名、当時二六歳）と再婚している。

この林杏との結婚に至るまでの経緯が、村田との最初の接点だった。

二〇一〇年の冬、岩崎が前妻との別れを癒そうとするかのごとくインターネットを回遊していると、ある出会い系サイトに行き着いた。

〈離婚しているが、家族をもう一度持ちたい　母親を安心させたい〉

交際相手を募集する掲示板にこう書き込みし、反応を待った。これに「中国の女性を紹介できる」と返信してきたのが、件の村田だったのだ。

岩崎がそのときの状況を振り返る。

「一度会わないかと提案され、東京駅の喫茶店で待ち合わせをして二人で会った。そのときは、結婚したければその相談も出来るということや、それが上手くいけば紹介料を用意しているという話をされました」

待ち合わせ場所に現れた村田は、ボサボサの白髪頭で無精髭を生やし、よれた服と使い込んだ靴、布製の肩掛けカバンといった格好だった。女性を紹介するというからには、社交的でギラギラした外見を想像していたが、少し意外な印象だ。話す口調も物静かで、村田が悪い人間には思えなかった。

岩崎は、住まいや東京電力の営業センターで働いていることなど他愛もないことを話したつもりで、その日は村田と別れた。そして数週後、後に結婚する、飲食店でアルバイトをしていた林杏を紹介されたという。

何度か顔合わせを兼ねた食事会をした。ときには村田と、林杏の友人女性が同席することがあった。その際、食事代は村田が払っている。

そんな最中で起きた三・一一、未曾有の大震災――。

東電の混乱ぶりを見て村田と林杏に岩崎は、会社の存続が危ぶまれていたことなどから、結婚に支障がでるかもしれないと話した。だが、村田の勧めもあり、五月から林杏と三鷹の社宅で同棲を始めることになった。

そして七月、このさき東電はどうなるかわからない、ともすれば職を失うかもしれぬことを村田と林杏に承諾してもらった上で、婚姻届けを提出した。

晴れて入籍したこのとき、岩崎はまだ一介の現場作業員だった。しかし九月、辞令により福島第一原発事故の賠償部署に異動することになったのだ。そのことは村田にも伝えていた。

その数日後、岩崎の元に林杏から在留許可証の不携帯で大塚警察署に勾留されてしまったと連絡がきた。それを村田に相談すると、引き受けの対応を助言され、また自分も合流するとのことだった。

岩崎は言う。

「林杏が警察から解放されるまでの間に村田から、知り合いが福島にいて、原発事故の影響で随分被害を受けていることを聞かされました。東電の対応が遅く、困っている人が沢山いる。年寄りに複雑な書類などわかるはずがない、と。その流れで私は賠償部署での研修で苦労していることなどを話しました」

それから村田は、岩崎に原発事故の賠償制度について尋ねることが多くなる。どういった条件の人が賠償されるのかと具体例を挙げて質問されることもあった。だが、村田が逮捕される契機になる、前出の東京・中野のＮＰＯ法人「東日本大震災原子力災害等被災者支援協会」の設立については聞かされていなかった。

岩崎は続ける。

「一二月頃、ＮＰＯ法人『東日本大震災原子力災害等被災者支援協会』の代表・進藤と名乗る男から私用のケータイ電話に連絡がありました。聞けば、村田が番号を教えたらしい。私は聞き覚えのない名前だったので、咄嗟に〝ヤマザキ〟と名乗って会話を続けました。進藤曰く、東電の担当者の態度が酷い、聞く耳をもたない、高圧的で馬鹿にしたような言い草で話にならない、ということでした」

岩崎は、当時の賠償部門の東電社員にはありがちな対応で、標榜していた「被災者に寄り添った対応」とはほど遠く、進藤の怒りは当然だと感じた。だから村田に、「あくまで賠償請求で、あなたは被害者なんだから、もっと（東電の）担当者にガツンと言った方がいいよ」と助言していた。

進藤から電話がきたのは、その翌日だった。だから進藤にも、何の疑いもなく「ガツンと言えばいいんですよ。ナメてるだけだから」と言った。

数日後、進藤からの電話について、村田から「いきなり電話をさせて申し訳ない」と謝罪があった。岩崎はＮＰＯの存在についてと、進藤がそのＮＰＯの関係者だということを、このとき初めて聞かされたのだ。

年が明けると、無事に林杏の在留許可が下りた。そのお礼として、村田に促される格好で林杏から分厚い茶封筒を渡された。

三〇万円の現金が入っていた。もちろん彼女からも、そして村田からもそんな大金を受け取る筋はない。一旦は断ったが、村田に「キミに感謝してるんだから。ある種の区切りとして受け取ってくれ」と諭されたので、林杏と相談し自宅の家具を新しくする費用に充てることにした。

村田が帰宅後、改めてその茶封筒の中身を確かめると、現金の他に一枚の、村田名義のキャッシュカードが入っていた。残高は窺い知れないが、村田のカードを預かるいわれはない。堪らず村田に連絡すると、「いいから持っていてくれ」の一点張り。林杏に渡してもいいし、「どちらが持っていても構わない」とのことで預かっておくことにした。

籠絡

「年末に進藤が東電社員に電話した件が和解した。賠償金は東電側が決めた通りになってしまったけど、もう諦めた。結果はどうであれ、ありがとう」

林杏と一緒にいるときに電話で村田から感謝された。二〇一二年一月初旬のことだ。

岩崎が感じた印象は、進藤のＮＰＯが何らかの風評被害を受けて、東電に正当なカネを請求しているというものだった。だが、村田と進藤は、後に逮捕されることでも分かるように東電への不正請求を繰り返していた。

　しかし、岩崎はそれを知り得ない。良いアドバイスをしたとさえ思っていた。

「ちょっと代わってくれ」

　村田に言われ、林杏にケータイを渡した。何を話しているのか。中国語が少し入り内容はわからない――。

「じゃあ岩崎さんに代わるね」

　ふたたび岩崎が電話口に出る。

　村田が言う。

「林杏が軽い婦人病を患っている。自宅のトイレをウォシュレットにしてくれないか」

　病の詳細については知らされなかったが、婦人病なら岩崎に言いづらい場合もあるだろう。それにウォシュレットは、岩崎にとっても無いよりあった方がありがたい。何気ない会話であり、林杏のためなら迷うべくもない。それでも即答できずにいると、村田は「前に渡したキャッシュカードにクレジット機能があるので、それを使って構わないから」とだけ言い残し、慌ただしく電話を切った。

　岩崎は林杏と相談した結果、その足で近所の家電量販店でウォシュレットを購入した。

　五万円。決して贅沢品というわけではない。決済に必要な暗証番号は、林杏がその場で村田に電話して聞き出していた。

一ヶ月、二ヶ月と新婚生活を過ごすうち、岩崎は村田から賠償制度についての相談を個人的に受けるようになった。

ある日のことだ。自宅にやってきた村田から申請書の書き方について聞かれた。

「賠償制度について分からないことが多すぎる。もっと詳しく教えて欲しい」

岩崎は何の疑いもなく制度の中身について助言した。岩崎自身も同僚たちのマニュアル通りの対応に憤りを感じていたからだ。

「いつになったら支払われるのか」

申請書類の控えを見せながら、村田は言った。

内部の岩崎がその申請書類を追えば、支払日を突き止めることなどわけない。だが、情報漏洩の観点から岩崎は、具体的な日にちを伝えることだけはしなかった。

「これなら大丈夫だと思う。通常なら一ヶ月半後だけど……」

六月になると、キャッシュカードの返却を求める村田の意向を、林杏から伝えられた。すぐに岩崎は、林杏を通じてカードを返した。

村田からカードを預かって約半年、ウォシュレットの他に照明器具のシーリングライトも買った。これも林杏からおねだりされた形で、村田の了解を得てからカードで決済した。

大した額ではないが現金を渡したこともあった。村田から林杏に渡してくれと言われ、一回につき数万円ほど下ろしたことが三度ほどあったのだ。

そうして林杏にこそカネは渡ったが、この間、岩崎が村田のカネを間接的に受け取ったとすれば、ウォシュレットとシーリングライトの購入代金だけだった。

共謀

ここから事態は思わぬ展開を見せる。村田のキャッシュカードで起きたこの贈与劇が、後に件の賠償詐欺事件でＮＰＯ代表の進藤によって証言され、岩崎が逮捕される焦点になるのだ。

これまでの経緯をみれば、贈与が賠償手続きの指南料やその見返りの類ではないことは明らかだ。だが、詐欺師たちが徒党を組んで罠にハメたとすれば、この類の籠絡が起こるのは珍しいことではない。岩崎は、「村田は林杏を気に掛けており、また私とも関わりが増えたことから、私たち二人に対して結婚後の支援をしているように感じた」と話した。

しかし、そんな岩崎の思いは裏切られる。裁判で進藤は、賠償金の請求書類を記入する方法などをこの社員から教わり、東電への不正請求が成功した場合、依頼元の企業からＮＰＯが受け取る手数料の一部を社員に渡す仕組みだったと証言したのである。

進藤は、岩崎の〝指南〟について具体的に話した。

「『下請けの会社は単体で一社ごとに請求してください』と言われた。騙し取った金の五％をＮＰ

O側から報酬として渡したケースもあった」

　検察官が言う。

「五％は何に対する報酬だったのか」

「情報料や指導力に対するものだと思う」

　公判では、岩崎は〝ヤマザキ〟と呼ばれた。前述の通り、岩崎が仮名を語ったからだ。ヤマザキが不正に加担した理由について、進藤が続ける。

「私的な事情により給料だけでは収入が足りないからだと、村田から説明された」

　前述したように進藤は、ヤマザキこと岩崎とは直接会ったことはない。岩崎は素性の分からぬまま「ガツンと言った方がいいですよ」と諭しただけだ。つまり進藤は、全て村田からの受け売りから証言したことが窺える。

　しかし進藤からすれば、確かに報酬を渡したと思っていても不思議ではない。用意したカネを進藤が村田の口座に振り込んでいたかもしれないからだ。

　結婚も仕組まれたものかもしれないと岩崎は言う。林杏に在留許可を取らせるためだ。状況からすれば村田は配偶者ビザのため、日本人と結婚したい中国籍女性を斡旋するブローカー。つまり偽装結婚の仲介者に違いない。

　日本のビザが国際的に、特にアジア圏において人気なのは、ご存知の通りだ。ひとくちにビザといってもさまざまな種類と、それぞれ期間や就労についての取り決めがある。たとえば日本の大学で勉強するには「留学ビザ」の取得が必要で在留期間は一年と二年。日本語学校に通って語学を学ぶには「就学ビザ」で在留期間は半年と一年、といったように細分化している。さらにこれらのビザは、種類によって就労時間の上限が厳しく制限されている。就学ビザで「週に数時間だけコンビニでレジ打ちバイト」ならＯＫだが、それを破れば不法滞在となり即刻アウト。有無をいわさず強制送還となる。

厳しい日本のビザ事情で、特権満載の光をひときわ放つのが配偶者ビザなのである。労働時間の制限も日本の労働基準に準じ、どんな仕事に就いてもＯＫ。更新期間も優遇されている。なによりありがたいのは、審査の下りやすさだ。一年更新を数回、三年の更新を経て一定期間を過ぎれば、永住権の取得も夢ではない。

ある偽装結婚ブローカーは言う。

「成約すれば日本人には、報酬として段階的にカネを払う。例えば入籍したら二五万、在留許可が下りれば五〇万、といった具合に。最終的には二〇〇万ってのが相場。もちろん負担するのは中国人妻。現地のブローカーが肩代わりする形で。彼女たちはその借金を、スナックや違法マッサージ店で働いて倍返しするの」

村田の、当初の目的はその差額から発生する世話料だったことだろう。だが、一方で賠償詐欺を進めていたなか、東電の賠償係という絶好のカモが現れた。

岩崎は社宅で夫婦生活を始めたが二〇一三年、村田から「籍を抜いてくれ」と言われ、渋々ながら林杏と離婚した。これまでの圧力から了承するよりなかった。

驚いたのは岩崎の無防備な立ち振る舞いだ。

「いま思えばあの結婚は、偽装結婚の類いだったことはなんとなく分かります。でも、カネはもらっていません。彼女に惚れていたし、所帯を持つことで社宅に住めるなどのメリットがあり、それだけで充分でしたから。

村田からは、結婚にあたり生活用品を買ってもらったことは事実です。もちろんそうした金品の授受があったことを警察も調べていて、指南料として四、五〇〇万円を受け取ったと報道されましたが、現金ではなく結婚の祝儀として家財道具をもらっただけで、それをマスコミによって曖昧に報じられてしまった。

もちろんその顛末を主張しましたが、警察の取り調べでは『結婚どうこうは関係ない』と言われた。私は当然、抵抗し、押し問答しましたが、『なら良くない結婚をしたとしよう』と提案され、その旨の調書に捺印をしてしまったのです。

地検の取り調べでもその〝良くない結婚〟が焦点になった。当然でしょう、金品をもらったことがつまり、逮捕の要因になった指南料に直結するから。でも『結婚とは別の話だ』としていたのに、その祝儀を指南料として話を進められてしまったのです」

警察は進藤の証言から内通者、東電社員であるヤマザキこと岩崎が指南して賠償詐欺が行われたという絵図を描いた。その生贄にされたのが、岩崎だったのだ。

村田にしてみれば、少しでも刑を軽くしたかったからに違いない。そしてその矛先は、岩崎に向けられたのだろう。

〈――あいつに罪を被せてしまえ〉

村田を首謀者だと見ると、進藤が裁判で証言したことも納得できる。そんな詐欺師たちの身勝手な保身と警察の絵図とで岩崎は、人生を狂わされることになるのである。

共犯

二〇一二年秋、担当していた賠償請求に違和感を見つけた岩崎は、不正を疑い詳しく調査していた。調べを続けた三ヶ月後、いよいよ虚偽である可能性が高まり、会社の方針で警察に相談することになった。

前述の通り、原発事故の風評被害による賠償詐欺事件が明るみに出たのは、岩崎が関わった次の二つの事件が契機になった。そこで、まず、岩崎が福島県警と警視庁に相談した案件についていま一度、書き記しておきたい。

まず一つ目は、福島県警に相談した、会津若松の不正請求事件だ。風評被害によりエステ店の売り上げが落ちたと偽り、東電からカネをだまし取ったのである。鈴木治夫を首謀者として、男女七人が逮捕された。被害総額は約四三〇〇万円に上った。

そして二つ目は、風評被害を装い、人材派遣業の売り上げが落ち込んだと嘘をついた浅野博由ら男二人が逮捕された事件だ。詳しくは後述するが、これが後の村田逮捕までつながるのである。

二〇一三年二月中旬、岩崎は林杏と村田との三人で食事がてら、度々会っていた。

「実はいま、二つの賠償詐欺案件の窓口になっている」

まだ賠償詐欺という概念すらなかったこの時期、事件の具体名こそ出さないものの岩崎は、酒の勢いで自分の仕事について得意げに話してしまっていたのである。岩崎にとっては何気ないこの会話が、村田を勢いづかせたのだ。

その数日後、「村田との連絡は今後、これで」と言われ、林杏から一台のケータイ電話を渡された。手間がかかるので岩崎は、それを自宅に保管し自分のケータイ電話に転送することにした。

村田から着信があったときは、そのことがバレないように自宅に帰ってから渡されたケータイ電話で折り返した。

それにしても、なぜ村田はケータイ電話を用意したのか。後になって思えば、村田と岩崎の関係を悟らせないための偽装工作だったのかもしれない。

岩崎が賠償請求の警察案件全般に関わるようになったのは、夏頃だった。そして幾つもある疑わしい案件のうち、進藤のＮＰＯが登場するものもあった。そこには村田の名前も記されていたのである。

「村田さん、不正請求とかに関わってないよね?」

そうはっきりとは聞けなかったが、岩崎がそれとなく問いただすと、村田は激昂した。

「被災者からの被害を代弁しているだけで、警察にどうこう言われることは無い!」

そして村田は前述の通り、逮捕歴や裏社会との関係を口にして岩崎を脅したのである。

岩崎の記憶によれば、日を開けずに林杏が離婚届けを持ってきたそうだ。林杏は「在留許可が更新出来なければ日本にいられなくなる」と泣いたが、「村田の意向なので、仕方ない」と肩を落とした。岩崎は、訳も分からずサインをしたが、後に確認したら離婚届の提出は随分後だったという。

村田は、コントロールが効かなくなったと感じて岩崎を切ろうとしていたのかもしれない。ケータイ電話を用意したように、詐欺を働く者なら少しでも不安要素を取り払いたいものだ。岩崎が、単なる賠償係ではなく不正を暴く仕事をしていると知った村田は、このままでは自分の身が危ないと感じたのだろう。

その後も、村田からの連絡は非通知だったり知らない番号だったりまちまちだったが、続いた。福島の賠償係から賠償打ち切りの話が出ているといった噂があるなどと、岩崎に探りを入れていたのだ。

恫喝された件から岩崎は、村田からの電話が怖くなっていた。かといって、無下にすることも、もう電話をしてくるなとも言えず、差しさわりのない話で留めていた。

年の瀬が近づき、警察案件は村田が関与した詐欺の線が濃いと思い始めていたところで、ついに警視庁の担当刑事・加藤がその名前を口にした。

「村田という人物が関わる請求案件を洗って欲しい」

岩崎は言葉に窮しながら曖昧な返事をした。

「村田……、ですか……」

これは面倒なことになると直感したのだ。しかし年が明けた頃には村田から連絡が来ることはなくなっていた。もちろん岩崎から電話をかけることもなかった。

供述調書

話を取り調べに戻したい。

岩崎が捜査当時の様子を述懐する。

※

取り調べ初日の朝は前夜の暴飲のせいで、あまり記憶にない。午後の記憶も、突発的な任意同行で靴下を履くのを忘れてしまい、底冷えする取調室に耐えきれず裸足を覆うタオルを借りたことだけだ。

　ようやく解放されるのかと思った夕方、再び朝と同じエルグランドに押し込められた。自宅前で降ろされたとき、二月の冷たい風が素足に響いた。

――家宅捜索令状　共謀して詐取

　刑事からガサ状を見せられた。これから家宅捜索が始まるのだ。

　深夜まで続いた自宅のガサ入れが終わり玄関の扉を閉めようとした瞬間、刑事が言った。

「おまえ、酔っぱらってたから何がなんだか分かってなかっただろ」

　曖昧模糊な態度に終始していたのは、何もアルコールのせいだけじゃないはずだ。極度の緊張状態にあったし、ガサ入れとなれば、詐欺に加担した証拠が何も出なくても頭は真っ白になった。頻繁にトイレに行っていたのもそのせいだろう。

「じゃあ、また明日」

　取り調べがまだまだ序章だと言わんばかりにそう言い残すと、刑事はその場から立ち去った。黙り込むしかなかった。供述調書の作成のため、これからこんな取り調べがずっと続くと思うと、心底うんざりする。

　翌日、全く寝付けず朝を迎えた。一人でいることに恐怖を覚え、堪らず母親と祖母が暮らす実家に向かった。

　平然を装うしかなかった。誰よりも東電入社を喜んでくれていた母親と祖母の手前、仕事関係で起きた詐欺に加担した疑いで警察の取り調べを受けていることが情けなくてしょうがなかった。やはり、そこでも居づらくなり、一三時の約束のところ、三時間も早く調布署に行ってしまった。

　二日目は一九時に解放されたが、前日のガサ入れの時に「シーリングライトの型番を見忘れたから、見せてくれ」と、再び刑事が部屋まで来た。村田のカードで買った照明器具の裏付け捜査をしていたのだ。

　そして三日目からは、取り調べと同時に会社へのガサ入れが始まった。

「会社のパソコンのパスワードを教えて欲しい」

「はい」

　刑事たちが突然、会社にやってきたことによる同僚たちの困惑ぶりを想像すると、その申し訳なさでいっぱいだった。浮かぬ顔をしていると追い討ちをかけるように、刑事が言った。

「午後からポリグラフをやるから」

　これからウソ発見器（※ポリグラフ）にかけられるのだ。そして、このとき、さらなる悪夢が潜行していた。

「実家に電話してもいいですか？」

「ああ、いいよ」

ポリグラフ前に自宅に電話した。

「はい、岩崎です」

祖母の声だ。

「母さんは？」

「いるよ」

祖母に代わって受話器を取った母親は、「ごめん、後で」と言ってすぐに切ろうとする。

「もう寝室は調べたのか？」

その背後から聞こえた野太い男の声は、実家をガサ入れしている証だった。岩崎は刑事に食ってかかった。

「実家を調べるなら教えてくれるって、前に約束したじゃないか！」

刑事は「騙し討ちするつもりはなかった、仕方ないんだ。分かってくれ」と言って、意に介さない。そして「ばあちゃんの部屋なんか見ないし、そこは配慮する」と諭したが、もちろん岩崎は上の空だ。堪らず「苦しい、吐きそうだ」と体調の急変を訴えたが、ポリグラフは強行された。

〈――もう運命は決まっているのか〉
詐欺の容疑者として大きく報道される未来が脳裏をかすめたものの、真摯に説明すれば分かってもらえると思っていた。まだ、このときは。三月一日の供述調書は、村田との出会いと、賠償部門に着任して村田が詐欺を働いたとされる誠武総業の請求が出される直前までの話だった。見直して、事実誤認の箇所を直してもらった。

三日は、これまでに作成した供述調書へのサインを求められた。印字した紙を渡され、読みあわせを始める。しかし、冒頭から違和感があった。目に入ってくる字面が、岩崎が修正を依頼したものと異なる気がするのだ。

疑いの目を向けて刑事に言った。

「先日、私が直させてもらった調書の下書きはありますか？」

刑事は眼光鋭く断言した。

「それは捨てた」

岩崎は話が違うとばかりに、両手で机を「バン！」と叩き、「修正を願い出たのだから心情をあらわす資料じゃないですか！」と立ち上がった。殴りかからんばかりの勢いだったが、それを見て刑事はニンマリ笑っている。

怒りを逆なでするかのように刑事は言った。

「いちいちそんな資料はとってない。いまの気持ちが書いてあれば、それでいいじゃないか」

さらに刑事は、「言葉尻とかは変えたよ。これは俺とお前だけが見る資料じゃないんだよ。他の警察官や検察、裁判官も見るんだから分かりやすくないと駄目だろう。お金がないからと答えただけじゃわからないから、ギャンブルと浪費癖で借金があると付け加えたんだよ」と続けた。借金苦から村田の詐欺に加担したというストーリーを描かれていたのだ。

むろん、納得できるはずはなかった。岩崎は刑事に顔を近づけて「お金がないからというのは、村田からの誘い、カードの使用を断る常套句であって、深い意味はない」と反発した。しかし刑事は「お前の言っていることばかり書いてると、ただの実況中継になっちゃうわけだ。こんなの最低の調書だ。警察では『言いなり調書』って言うんだよ」と、ニヤケ顔を崩さない。

刑事は再び眼光を鋭くして、皮膚のシミがはっきりと分かる距離まで顔を近づけて来た。

〈――もう運命は決まっているのかもしれない〉

そう思わざるを得なかった。刑事はそのまま、さらにたたみかける。

「いいか、供述調書は一方的にお前の話を書くんじゃない。そこには俺やお前だけでなく第三者の気持ちも入ってるんだよ。わかるか、フィフティフィフティなんだよ!」

岩崎は最後の抵抗とばかりに声を荒げた。

「刑事さん、ガサ入れのときの令状に『共謀して詐取した』とあったけど、それは認めてないですよ」

これは諦めに似た愚痴だったのかもしれない。そして次に口を開くと、思いがけない言葉が漏れ出てしまった。

「これは警察がそう考えてるということだから、『お前の主張は供述調書で好きなだけ話せ』と言われましたけど、最終的には警察の考えも入るってことですよね。上司や検察にファックスを送る度に、私と刑事さんの間では完結したかに思えた調書が何度も書き直されたのを経験しています。だから刑事さんの苦悩はわかりますよ」

刑事の顔は少しだけ和んでいた。激昂していたのに豹変したのだから、刑事にとっても予期しない展開だったに違いない。

このまま調書を全否定すれば、さらに心証を悪くするかもしれない。そうなれば、事件の焦点であるカネの部分の真実が、そのまま闇に葬られ兼ねない。

「それでは」と続けた。

「お金がないと断ったくだりは、『お金がないと断ったが、その時はギャンブルや浪費癖で作った借金の返済で生活に少し余裕がなかったのは事実です』との言い回しで、どうですか?」

刑事は、渋々といった顔でその折衷案を了承した。そして新たに書き換えられた供述調書にサインすることで、午前中の取り調べは終わった。

午後になり方針が変わったのか、あるいは上司に発破をかけられたのか、刑事の調べのトーンがあがった。最初の尋問の焦点は、カネではなく誠武総業だった。

「知らなかったのかどっちなんだ?　初めから詐欺だと分かっていたんだろ!」

「…………」

誠武総業は、避難区域内ギリギリに日本文化村建設予定地があり、震災により計画が中止になったものの賠償できないかと村田から相談された案件だった。岩崎は、そもそも定型的な賠償が可能かどうかは微妙だが「請求する資料はこれになる」と、一般的な手続きの助言をしていた。

刑事は言った。

「震災前に計画が中止だったんだぞ」

岩崎は、曖昧な部分は曖昧なまま答えていたが、この点は明確に否定した。

「それは知らないし、村田からは震災で計画が中止になったと聞かされたんだから、私は詐欺に加担しようがない」

数人に「手に負えない」と断られつつも、どうにか弁護士を立てることができたのは、取り調べ三日目のことだ。弁護士からの指示により、事実と違う場合は黙秘を続けていたのである。

故にじっと口を噤(つぐ)んでいると、「俺は分かっている。周りもお前以外は正直に話しているんだ。いい加減認めろよ！」と迫られた。それには、「認めるまで帰さない」というような威圧感があった。

二つ目に焦点にされた、「警察が不正請求の調査に入ったことを村田に伝えたのは、詐欺だとわかっていたから伝えたのか」との問いには、「情報提供の事実が露見して会社にいられなくなるとの自己保身からです」と話すも、「いいや、違う。ちゃんと答えろ！　全然反省していない！」と刑事は語気を強めて頭ごなしに否定した。

事実を曲げることはできない。かといって振り出しに戻った尋問に抵抗する気力もほとんど残されていない。あんなに辛い思いはもう、二度とゴメンだ。

咄嗟に、言葉にならない声が漏れた。それが精一杯だった。

「ううぁっ」

刑事はザマはないと言わんばかりに、「後ろめたいから口籠るんだ！」と声を荒げた。

少し正気を取り戻し、理路整然とした言葉で応戦しようとしたが、瞬時に正解を導き出すことができなかった。それでも刑事の言葉を胸の内で反芻することだけはした。

「なぜ言わないのか」との問いには、言われたことを警察の筋にそって話しても良いのだろうが、詐欺と思っていなかったという心情が書かれなければやはり、納得できなかった。仮にそれをヨシとしても祖母の死に目に会えないのかもしれないと思うと認めることに踏ん切りがつかない。そんなニュアンスのことを涙ながらに答えることしかできなかった。

だが、気持ちは伝わらず、詐欺を認める心境の変化と誤解されたのだった。

「正直に答えて人生やり直せ！」

「えっ？」

意表を突かれて狼狽するよりなかった。刑事はまくし立てるような早口で言った。

「認めれば人生やり直せるんだよ！」

刑事は取調室から漏れるほどの大声で、何度も、何度もそう繰り返した。

日が落ちた署内は静まり返っていた。刑事は、ついにはこう言い放った。

「こんな調書なんてとらなくていいんだ。否認調書だ！」

時間切れなのか、いずれにせよ長い事情聴取は終わった。

帰り際に刑事は、「明日も一〇時半からだ。覚悟を決めてこいよ！」と捨てゼリフを吐いた。何がなんでも思惑どおりにコトを運びたいのだろう。

逮捕

岩崎の支えは、もはや担当弁護士の大隈博之（仮名）しかいなかった。逮捕のときが刻々と迫っていると感じていた岩崎にとって、その不安を紛らわせてくれる唯一の存在だった。

この頃の岩崎は、頻繁に大隈へメールを送っていた。取り調べはなかったが、周辺で動きがあると、その指示を仰ぐことが日課になっていた。

三月一〇日

〈弁護士・大隅先生、お世話になっております。今会社から連絡があり、明日午前中に武蔵野市にある武蔵野支社へ来るように言われました。退職の辞令を渡すと言われました。午前中は通院

の都合があり難しいと保留してありますが、違う時間帯を指定されれば応じてもよろしいでしょうか〉

三月一三日

〈弁護士・大隅先生、岩崎です。周囲で動きがあったのでお伝えします。

一八時頃会社の同僚で同期の木下（仮名）より、母親の携帯に連絡がありました。私の携帯が繋がらなくなる場合を考え、携帯番号を伝えていたからです。

結果、木下は、一六時から二時間ほど警部補ともう一人の刑事と話をしたそうです〉

刑事は岩崎の容疑を確実なものにするために、同僚・木下にまで事情聴取をしていたのだ。以下、刑事による木下への一問一答である。


――岩崎に詐欺の容疑がかかっているが、事件のことを知っているか。

「会社で、風の噂で知りました。岩崎と私は公私ともに仲良くしているので、会社で騒ぎになってから連絡がつかず心配していました」

――他の容疑者を知っているか。

「知りません」

――（結婚届の現物を見せながら）二〇一一年七月に、岩崎の婚姻届けの立会人としてサインしたそうだが、そのときの記憶はあるか。

「筆跡は私で間違いないが、細かいやりとりまでは覚えていません」

――ここ数年、性格や行動で変わったことは無いか。

「変わったかと聞かれればそうかもしれないが、岩崎は、自分とは価値観が違うところがあり、特に気づきませんでした」

――何か教えたり頼まれたりされてないか。

「料金グループでは岩崎より経験値があります。なので仕事内容について質問されたことはあります」

――最近いつ会ったか。

「年末、会社の忘年会で会ったきりです」

――賠償関係で岩崎が警察対応の東電の窓口をやっていたことは知っていたのか。

「誰かに聞いてもらいたかったのか、飲みの席で聞いたことがあります。事件化するきっかけを作ったようなことも話していたと思います」

――他に女性関係トラブルはあったか。

「いや、知りません」

結果、尋問は調書にならなかった。岩崎の行動に悪意はなかったことを証明する一助になる、木下の証言だ。つまり昼夜を共にする同僚たちですら気づかないほどに、岩崎の行動は普段通りだったのである。

一方、岩崎はしばらく取り調べを受けていない。思惑通りの調書を作ることを諦めたのか……。だが、捜査は水面下で着々と進んでいた。

三月一五日昼、岩崎のケータイが鳴った。刑事からだ。

「明日一一時、下谷警察署に来て欲しい」

嫌な予感がした。下谷署に呼び出されるのは初めてだ。この事件の捜査本部があるのだ。岩崎は最悪の事態を思い浮かべ、刑事に聞いた。

「逮捕はありますか？」

「いや、話を聞くだけだよ。嘘は言わない」

翌日、岩崎は、刑事に言われた通り下谷警察署に向かった。取調室には、二人の刑事が待っていた。刑事から「この前と同じで黙秘するのか」と聞かれ、「はい、弁護士からそう言われているので」と頷いた。

予想の範疇だったのだろう。刑事は、「今日は出生地だとか、卒業した学校、趣味なんかの身上について聞きたいんだ」と方針を変えていた。

「直接犯罪についてとかではないから、話してくれても良いと思うが、どうなんだ。黙秘しろと言われてるなら、弁護士に聞いてみてくれ」

岩崎は、すぐさま弁護士事務所に連絡する。そして大隈弁護士からの指示で黙秘を続行する。

「なら手の指紋、顔写真、口腔内細胞の採取は、どうだ」

再び大隈弁護士に確認すると、「断っても強制執行の手続きをとられたら応じざるを得ないので」とのことだ。

「はい、好きにしてください」

刑事に応じる旨を伝えると、ものものしく靴の足型まで採取された。まるで殺人事件の容疑者、科学捜査で犯人を追い詰める〝鑑識〟のごとく。

それから数分間、刑事から一方的に、「会社は懲戒解雇になったのか」「これからどうするのか」「出生地、高校、野球の経験」などを話しかけられたが、岩崎は返答せず。

さらに検察への心情が悪くなると言わんばかりに、「これじゃあ、調書は全て黙して語らずになっちゃうけど、いいのか？　二〇年も会社員やってたんだから、最低限のことを話すかどうか自分で考えたら、どうか」と揺さぶられるが、それでも語らない。

さらに日が落ちるまで刑事は、調べた素性を読み上げたり、東京電力社員数人に事情聴取した料金グループや賠償係での同僚たちからの評価などを一方的に話したりして揺さぶりをかけるが、岩崎は「質問に答えると弁護士先生との信頼関係に関わる」として押し黙ることをやめなかった。

とんでもないことに、それでも一枚の供述調書が恣意的に作成されたのだ。

〈出生地、家族関係などの身上について答える趣旨は理解しています。しかし、弁護士に黙秘をするように言われており、身上についても黙秘を続けるかの相談が出来ていないので、黙秘します〉

もちろん署名、捺印せず一五時、警察署を後にした。

三月一七日

〈弁護士・大隈先生、岩崎です。

　警察の取調官に対して完全黙秘することが、どういう影響があるのか不安でメールさせていただきました。

　私が村田に対して社内秘にあたるかもしれない情報を伝えたことはすでに認めています。詐取をあらかじめ意図したことや、それを事前に知っていたかについては明確に否定しています。本件以外、村田を被疑者とした賠償金の詐欺事件については、村田を含め不起訴となった事案があります。私が村田に依頼されて確認した社内の賠償システムの情報は複数あると思いますが、村田が詐欺を意図したのかを含め全て裏付けをするのは困難に思えます。

これは、原子力事故の賠償制度がすごく曖昧で欠陥的な構造にも一因があると感じています。当初、先生からお話いただいた、まずは本件の裁判を経なければ警察の考えは見えてこない、主犯格の村田に紐づく事件について共謀したというのが、私への容疑であり、その否定に注力すれば良いということに異論はありません。

以上を踏まえて、現時点で完全黙秘して、検察や警察との対応を硬直させた場合、本件について私が、村田に情報を話してはいるが初めから詐欺をする目的はないし意図してないところを徹底的に争われるのではないか、という不安があります。本件は、そもそも最初に村田に賠償係への転勤を伝えたことが入口なので、警察も無理筋で認めさせたいのかなとも思ってしまいます。

まだ完全黙秘することについての相談結果を刑事には伝えておりません。お伝えしたい内容が整理されておらず、雑駁な文章になり申し訳ありません。いま一度、ご助言をいただけたらと存じます〉

その翌日、岩崎はしていない〝自供〟の報道を目にする。

■東電社員「現金を受領」　NPO側から数百万円　賠償金詐取

東京電力福島第一原発事故で損害を受けたと偽り、NPO法人の元幹部らが賠償金をだまし取ったとされる詐欺事件に絡み、東電社員が「賠償金の請求方法を教えた見返りに現金数百万円を受け取った」と供述していることが、捜査関係者への取材で分かった。警視庁は、詐欺に関わっていなかったかどうかを慎重に調べている。

捜査関係者によると、東電社員は調べに対し、東電から賠償金を詐取したとして詐欺罪で起訴されたＮＰＯ法人「東日本大震災原子力災害等被災者支援協会」（東京都中野区）の元幹部進藤一聡（かずあき）被告（四四）から、報酬として数百万円を受け取ったことを認めているという。一方で「不正な請求とは知らなかった」と話し、詐欺への関与を否定しているという。

進藤被告は一月、人材派遣会社の実態のない損害を申請して賠償金を詐取したとされる事件の公判で、「申請書類の記入方法などを教わった見返りに、賠償金の五％を東電社員に支払った」と証言していた。

東電広報室は「警察の捜査に関するものなので回答は差し控えたい」とコメントしている。

（「朝日新聞」二〇一六年三月一八日）

マスコミは一斉に岩崎に「共犯者」のレッテルを貼り、その所業を全国に広めた。信じられないことに、匿名ではあるが、賠償金の請求方法を教えた見返りに「現金数百万円を受け取ったと供述している」と報じられてしまったのである。

岩崎はスマートフォンを持つ手を震わせた。そのように供述したわけでもなければ、作り上げられた調書にサインしたわけでもない。だが、〝良くない結婚をした〟ことだけは認めてしまっていた。

岩崎にとって、深く考えもしなかった妥協点に思わぬ落とし穴があったのだ。その事実だけで検察は、起訴まで持っていくつもりなのだろうか。

三月二二日、担当刑事が岩崎の押収物の返却のために家に来た。この押収物の返却が意味することを理解していない岩崎に対して、刑事は冷たく言い放った。

「明日、書類送検されるから。検察官から連絡がきたら出頭してくれ」

かくして岩崎は、まるでそうなることが決まっていたかのように、有無を言わさずに書類送検された。

書類送検とは、逃亡のおそれがない、証拠隠滅のおそれがないなどの理由から、被疑者を逮捕する要件を満たさない事件について、警察が取り調べの結果などを書類にまとめて検察庁に送る手続を行うことだ。つまり身柄が拘束されていないだけのことで、実際は逮捕と意味合いは同じである。

検察官による取り調べを経て、仮に起訴されてしまったら、今後は裁判で無実を証明するしかない。まだ有罪判決が下ったわけではないとはいえ、大きくマスコミに報道されてしまった以上、裁判で争うことに何の意味があるのだろう。

いずれにせよ、岩崎の転落は決まった。

第二章　東電入社

生い立ち

岩崎は一九七四年、東京電力多摩支店のある三鷹で生まれる。

出版社に勤めていた父親は、六歳のときに電車に轢かれて死別。自殺か、不慮の事故なのかは未だに分かっていない。

以降は、母と妹との三人、公団住宅で暮らす。母子家庭だが、母親が公務員だったことと、父親が残してくれた遺族年金があったので、いま思えばそれほど貧乏ではなかった。もちろん裕福ではなかったが、生活面では何不自由なく育った。いわゆる中流家庭だった。

岩崎は語る。

「学生時代は、小学校からずっと続けていた野球に打ち込みました。ポジションはキャッチャー。チームメイトのなかでは飛び抜けて体格が良かったので自然とそうなりました。高校を卒業するまで野球を続け、朧げながら将来はプロ野球選手になろうと決めていた。高校の野球部ではキャッチャーで四番。といっても弱小チームだから、いわゆるお山の大将だったけど、本気でプロ野球から指名されるつもりでいました」

岩崎が通った都立高校は、都内で偏差値が一番下のいわゆる底辺校。もちろんプロ野球からの指名があるはずもなく、岩崎は就職先を探すことにした。高校は頑張らない人が集まっていたので、内申点が良かった岩崎にある体育教師が目をかけた。時代は就職氷河期直前の、バブル終焉期。周りは就職が決まらず、とりあえず予備校に行くという生徒が大半だった。

三年生になると就職組のクラスに振り分けられた。就職活動の始まりである。岩崎は就職指導室に通った。大手飲食チェーンから農協まで数多の求人票があったが、選ぶ基準も分からなかった。岩崎が思い悩んでいると、指導員は助言した。

「会社選びで大切なのは資本金だよ」

資本金を基準に改めて求人票を見直すと、ある企業の会社概要が目に留まる。

〈資本金四〇〇〇億円〉

岩崎は飛び抜けた数字が踊る求人票を指差し、指導員に聞いた。

「これ、どんな会社ですか？」

東京電力株式会社の求人票だ。テレビＣＭで企業名こそ知っていたものの、会社の中身など全く知らなかった。指導員は言った。

「電気の会社で、大企業。まあ、岩崎くんには無理かもしれないけどね」

求人票には「事務職」とだけ。具体的な仕事内容は書かれていない。仕事の中身について担任の教師に相談するも「受けるのは自由だから」と、そっけない。それは担任も受かるはずはないと思っていたからだろう。周囲からすれば雲の上の存在に違いなかったが、岩崎は腕試しのような気持ちで申し込むことにした。

そして入社試験当日。試験は面接と一般常識の筆記。面接官に特技を聞かれ、野球しか取り柄がない岩崎は、「ブライアントみたいに遠くに飛ばすのが得意です」と答えた。

面接官は質問を続ける。

「好きな言葉は？」

「振らなければ当たらない。ブライアントが言ったその言葉が好きです」

岩崎は捨て鉢気分でそう答えたが、面接官は妙に感心した。

東電から内定の知らせが届いたのはそれから三ヶ月後、一九九二年一一月のことだ。担任や部活の顧問、就職担当教員など誰もが驚く異例のことだった。

「お前、受かったぞ」

岩崎は目をかけてくれていた体育教師から校内放送で呼び出され、入社試験に受かったことを知らされた。

「すごいじゃないか！」

そう言って担任の体育教師は、筋肉質の太い腕で岩崎を抱きしめながら喜んだ。

このことを親へ知らせると、普段はあまり褒めてくれない母親が、親戚中に連絡するほど小躍りした。母親にしてみれば、岩崎の将来をずっと不安に思いながらここまで育ててきたのだろう。片親の苦労は想像に難くない。やっと肩の荷が下りたのだ。

親戚中が祝福や賛辞を送ったことは自然、岩崎の耳にも届いた。関西の叔母にまで褒められると悪い気はせず岩崎は、何となく親孝行をした気になった。

事務職の内容が具体化したのは、入社後の研修カリキュラムが始まってからだった。「電気とは？」という基礎的な講義に始まり、電力量に対して顧客が支払う金額の計算方法などを教わる。それと平行し、「電気工事士」の資格を取るための勉強も始まる。「電気工事士」の資格は、前年から必須事項になり、岩崎たち新入社員は全員が取得しなければならないものだった。岩崎は胸を希望で膨らませながら真面目に取り組んだ。

入社

岩崎は四月、晴れて東京電力に事務職として入社した。仮配属されたのは多摩支店、青梅営業所・料金課だ。右も左も分からぬ岩崎には、希望部署などなかったし、また会社から聞きもされなかった。初任給は月給一八万円。年二回のボーナスを加えると年収三〇〇万円ほど。一八歳の小僧にとっては充分過ぎるカネだった。

岩崎は主に、電気の検針や委託検針員の指導といった検針業務と、「債権確保」と呼ばれる電気料金滞納による督促や電力の供給停止作業などの集金業務を担当する。

岩崎がその仕事について話す。

「多摩地区には委託検針員の管轄外である山間部があります。なので青梅の料金課は、他の営業所と違って少し特殊で、その山間部のお宅に社員の誰かが行って、検針作業をするのが日々の業務でした。後は所定日に、それ以外の街中の地区のお宅に伺い電力使用量の検針をする。

現場では、簡単に言えばメーターを見て計算し、電気使用量の料金を確定します。要は検針日の数字から、前月の数字を差し引いて算出するだけ。後は、未払のお宅や退去者のアパートなどの電気を止める作業など。これは仕事に慣れた二年目から任せられました」

こうして岩崎は現場作業をする日々を六年間、続けた。免許の有無は直接、仕事には影響はなかったが、入社半年後に電気工事士の資格も取得した。いくら巨大企業の社員といっても末端のひとりに過ぎなかったが、落ちぶれるのでもなくキャリアを順当に積んだのである。

一九九九年夏、岩崎は多摩支店東村山営業所（後に武蔵野支社と合併）の技術サービスグループへ転勤した。技術サービスグループは、料金の点検や確定などとは全く違ってアンペアの交換、停電の復旧作業、漏電検査などの現場作業に加え、顧客の契約内容を変更するコンサルト相談、電気工事店の窓口申請の対応などの内勤作業も任せられた。

キャリアアップなのは言うまでもない。岩崎は喜び勇んで仕事に没頭した。

「役職は主任、副長、課長と昇進するシステムで、明確な肩書きはないが、平社員は等級制で、その級が上がりました。もちろん給与も」

二〇〇五年夏には、多摩支店・武蔵野支社・調布地域営業センター・料金グループへ移動を命じられた。まだ主任ではないが、年収は五〇〇万円を超えた。

そこは課長筆頭に二五人ほどの大所帯だ。中核者的な立場になっていたので、後輩の指導などもしたが、仕事内容は入社当時と同じく検針や電気供給の停止作業など。料金徴収係に戻されキャリアダウンしたことになるので、カネは増えたが、社内評価は「また振り出しに戻れ」と言われたに等しい。高卒入社の岩崎にそもそもエリート意識はないが、入社して初めて若干の挫折感を味わうことになった
高卒と大卒とでは、そもそも歩む道が違った。岩崎のような末端の現場作業員の大半は高卒だ。一方、大卒は現場の経験を積むため、新人期間の二、三年間だけ現場を踏む。

現場では自ずと大卒組と一緒に汗を流すことになる。東大、京大卒の新人がゴマンとくるので、そうしたエリートたちと仕事をすると、出世意欲や物事の考え方などで多大な影響を受けた。高卒の同期が集まれば、オンナやギャンブルなど俗物的な話題ばかりだが、大卒組は純文学や単館上映のマニアックな映画、大衆受けしない音楽などを好み、政治や会社の将来について話した。

兄弟がいない岩崎に言わせれば、年上の兄貴から大人の世界を教わる弟みたいで新鮮だった。高卒は「飲む、打つ、買う」を地で行くその日暮らしばかりだが、大卒は支店を複数経験後に本社で管理職に就くのがお決まりのコースなのだ。

大卒との格差は、どうあがいても埋められるものではない。しかし、岩崎は大卒の学歴だけでは

なく、それまで歩んできた自分とは違う彼らの人生に憧れを抱くようになっていた。

東日本大震災

二〇一一年三月一一日一四時四六分一八秒、東日本大震災が起こった。岩崎が東電に入社して一八年目のことだった。

突如として日本を襲った未曾有の大地震は、東北地方を中心に人々をパニックに陥れた。宮城県牡鹿半島の東南東沖一三〇kmを震源とし、日本周辺における観測史上最大のマグニチュード九・〇を観測した。震災発生直後には避難者四〇万人以上、停電世帯は八〇〇万戸以上、断水世帯は一八〇万戸以上……そして、後に一万五〇〇〇人以上の人が亡くなった。死因の多くは、津波による水死であった。

調布の事業所内にいた岩崎は、激しい揺れを感じた。それと同時に、電話やインターネットなどのライフラインが不通になる。

岩崎は語る。

「調布エリアは、検針員が検針をしたら、自宅に帰りデータを会社のサーバーに送ります。その送られてきたデータを審査するのが、私の役目です。

しかし地震により、現場の検針員が帰宅難民になってしまっていました。自宅に帰れなかったり、電話が繋がらなかったりしたので、通信網が遮断されて検針員がサーバーにデータを送れないという事象が発生し、業務が滞ってしまった。なので、まずはその滞った日常業務の改善に奔走し、メールなどで検針員と連絡を取り、所在確認をして直接、事業所に来てデータを受け渡しすることに全力を注ぎました。

一方、会社は震災の対応方針に追われていて、送電線に関しては『工事系』と呼ばれる技術者が動いて、震災により電気がつく、つかないの不具合が想定されるため、その対応要員として社内に人を残して二四時間体制で対応に当たろう、ということになりました。それで一八時になり、経験豊富なベテラン男性社員が集められ緊急体制が敷かれた。私も、そのメンバーのひとりでした」

外は、帰宅難民で溢れかえっていた。道路は大渋滞。車は全く動かない状態だったので、「とりあえず会社に居てくれ」と上司から指示され、朝までテレビで震災のニュースを見ながら過ごした。

この時点ではまだ、福島の原発事故は報じられていなかった。むろん、岩崎はじめ東電社員たちにも「福島がヤバい」という認識はなかった。

岩崎は続ける。

「だから有事に備え、とりあえず自分たちの管轄の緊急体制を敷こうという感じだった。事業所は耐震構造もしっかりとしていたので、社内がグチャグチャになることもなければ、壊れたところもなくて。一方、広島の原爆のアーカイブで見た地獄絵図のように、事業所沿いの甲州街道を帰宅困難者たちがずっと列をなして彷徨い歩いていたことをいまでも鮮明に覚えています」

岩崎は、思わず会社から外に飛び出した。東電の制服を着ているので、岩崎が東電社員であることは一目瞭然である。すると、ひとりの老女が背後から叫んだ。

「頑張って!」

よもや地震で原発事故が起こることなど誰も想像していなかった。むろん、それが東電の仕業だとも。テレビから流れるのは、ただ〝凄い地震が起きた〟という事実だけだった。

それを色濃くしたのは、繰り返される津波の映像だ。家屋を飲み込み瓦礫を纏った濁流が、テレビ画面の右から左へ。それがいったい川なのか、それとも海なのかすら分からない。画面が切り替わり俯瞰の映像になると、やっと街全体が飲み込まれているのだと理解した。海辺のホテルの四階に避難した視聴者が、スマホで撮影した動画だったのだ。

しかし、東電社員の誰もが傍観者でしかなかった。

「凄いことが起きてるよね」

同僚たちが交わした言葉は、ただそれだけだった。

福島第一原発事故

翌一二日の土曜日、原発事故、発生——。

震災の影響により、東京電力の福島第一原発で起きた、メルトダウン（炉心溶融）など一連の放射性物質の放出を伴った事故である。炉内燃料のほぼ全量が溶解し、ＩＮＥＳ（国際原子力事象評価尺度）において最悪のレベル七（深刻な事故）に分類された。

岩崎は福島第一原発の屋根が吹き飛んだ映像を一晩、社内で過ごした同僚たちと見ていた。

「あっ！」

思わず誰かがそう叫んだ。が、社員たちに専門知識は無く、それが原発事故に直結することはない。岩崎ならずとも異常事態だとは感じていたようだが、その後も同僚たちに原発事故と東電の非が繋がることはなかった。

「なんかヤバそうだな……」

「とりあえず本部からの連絡を待とう」

上司からの指示により、とりあえず社内で待機することになった。

もちろん原発にリスクが伴うことは分かっていた。新入社員全員が原発研修を経ていたからだ。

だが、研修で指導員は、その危険性をひと通り教えた後、まるで煙に巻くかのごとく「こんなに丈夫ですよ。たとえ天災があっても大丈夫ですよ」と呪文のように繰り返した。それが安全神話にすり替わり、よもやこの地震でチェルノブイリ級の原発事故が起きるとは思っていなかったのだ。

その日、営業所にいた社員たちが出来ることは何もなく、夕方、料金グループの緊急体制は解除され、解散となった。

では、社員たちがなぜ会社に詰めていたかといえば、グループは基本、二名一組で動くからだ。それは運転要員だったり、助手席での留守番要員であったりの補助要員だ。そして他に残るグループが二名体制で動けるようになり、補助要員が要らなくなったので、とりあえず帰されたのだ。

岩崎は週明け月曜日になって出社したが、未だ会社から原発に関する情報は告知されていない。職場では、情報収集に託つけてテレビを一日中眺めているだけと、みなが暇を持て余していた。

テレビ画面には福島第一原発事故の特別編成番組が溢れていた。しかし社員たちにとっては、原発事故より電気の検針をどうするかという段階だったところで上司の号令があった。

「検針は中止だ」

検針員の安全を担保するためには無理もないと思った。震災発生後から三日間、電気の検針はストップになった。

社員たちは、デスクで検針用端末の、保留を意味する「不在仮」ボタンを押し続けた。一日分のボタンを押し終わると、そのデータをサーバーに送った。前月の検針結果と同じ請求になる処理が行われたのだ。

後日、「非常変災の影響により検針にお伺いすることができませんでしたので、先月分と同様のご使用量とさせていただきました」という文面が記されたハガキを送付した。すると、この対応について、「一方的過ぎる」としてマスコミによる東電叩きが始まった。

検針せず、勝手に前月と同じ金額を請求するとは、非難されて当然だ。現場の社員たちも、このハガキの文言に対して、原発事故が大問題になっているのだから考え直すように上申していたが、結局は反映されず、そんな東電の体質に呆れていた。

同時に、マスコミ報道では「東電が悪い」という風潮が高まりつつあった。ニュースで流れる「福島がヤバい」「東電の不祥事」……そして「メルトダウンの可能性」——。

メルトダウンとは、炉心溶融とも呼ばれる原子炉の重大事故である。この言葉が報道されたということは、一九八六年に旧ソ連で起きた「チェルノブイリ原子力発電所事故」と同等か、それ以上の大惨事を意味する。

しかし安全神話を植え付けられていた社員たちは、「とりあえず現状（送電の不通）をどうにかするのが自分たちの務めだよね」という理解だった。曖昧なまま、メルトダウンから目を背けるように自分たちが出来ることに没頭したのだ。

東電は、批判を受けてお詫びの文書を発送することになった。本店（※東電本社）からは一律の対応をするよう迫られたが、そんなことができるはずもなく、岩崎の事業所は、現場の判断で文書の改編や個別の電話対応などをするようにした。絶対的だった本店との主従関係が、このとき初めて崩れた。

三月一四日、二八日までの予定で都内の計画停電が始まった。東京二三区内と一部の地域は停電しない、という方針だった。

岩崎の管轄は二三区以外なので、計画停電が発表されると住民たちは大騒ぎした。調布営業センターへの問い合わせはもちろん、知人の居酒屋店主などから「ウチの店が計画停電になるのか教えてくれ」と、岩崎の個人ケータイも仕事にならないほど鳴りっぱなしになり、その対応に追われたのだ。

計画停電は地域を変えて二時間ごとに実施された。そして運の悪いことに、岩崎が管轄する調布地区からスタートし、さらに夕方六時～八時に実施されることになった。

飲食店の掻き入れどきに当たってしまったので、ロウソクで火を灯して対応したり、その日は休業したりなど、事業者を中心に生活を圧迫した。

これが、東電から電気を買っている人たちがダメージを受けた最初の事例だった。ますます東電への不信感が募ったのだ。

岩崎は当時の状況を次のように明かす。

「『頑張って！』と背中を押されていた震災発生時から一変、この計画停電から住民たちの『怒り』を肌で感じるようになりましたね」

東北の被災した地域は停電どころの騒ぎではない。一方、東京は、それに比べれば被害は皆無に等しい。しかしライフラインが切られたことで、「誰が悪いのか」と、その犯人探しが始まったのだ。

一般住民からは「仕方ないね」という声も聞かれたが、商売人にとっては死活問題に違いない。電話口で怒鳴る店主に平謝りし、補填はできないと伝えたところ、店主は逆上した。

「この穴埋めは誰がしてくれるんだ！」

社員たちは、わけもわからずひたすら謝り続けた。とにかく謝れ、というのが本店の方針だったのだ。

翌日から岩崎は、広報車で地域を回り、計画停電に関する情報を伝えることになった。そこで感じたのは、罵声を浴びせられたり、街中で車を止められ叱責をされたり、後ろから車で煽られたりなどの、東電への「怒り」だった。

助手席に座る同僚が、ふと疑問を口にした。

「この計画停電、どこまで意味があることなんだろう……」

その必要性についてはみなが半信半疑だった。そうして震災後に本社から出される業務指示はどれもチグハグに感じながらも、とにかく説明と謝罪を続けた。その場しのぎに過ぎないが、岩崎たち現場の末端社員にしてみれば、本店からの指示でありそれに従うしか術はなかった。

二三区内に流れている送電線は停電にならない。一方、二三区内外の地域は、所定の時間がくれば電気が止まる。広報車は、その境界線で待機していたので、一八時になると、広報車を堺に右側の住宅街は一斉に真っ暗闇になった。

一方、左側はまだ、電気が灯ったまま。家々から明かりが漏れていて、そのギャップが印象的だった。計画停電地域は漆黒の闇に染まり、道路も通行止め。岩崎の乗った広報車のヘッドライトだけが煌々と道を照らしていた。

社内の雰囲気はまだまだ楽観的だった。福島を中心とする東北の混乱を、どこか他人事として見ていたのかもしれない。目先の問題が解決すればまた日常が戻る。社員の誰もがそんな感覚だったのかもしれない。

広報活動から帰社すると、同僚がこう言った。

「仕方がないよね、計画停電……」

大マスコミによる報道はもちろん、ネット情報でもメルトダウンが指摘され始めた。だが「メルトダウンはしていない」という本店からの情報を信用していた社員たちは、もちろん計画停電は仕方がないと思っていたし、その作業も通常業務としてやっているに過ぎなかった。

淡々と業務をこなしているだけだが、それが後々、自分たちの首を絞めたり、福島の対応を会社が間違えたら自分たちの身も危ない、というような危機感は全くなかったのだ。まだこのときは。

東電社員たちの危機感の無さは岩崎によれば、過去の経験がそうさせていた。

「雇用関係の情報は、組合を通して届きます。組合が強いので、どこかで落としどころを見つけてくれて雇用は守られて行くのでは、と楽観視していたのです。

結局、その前に、柏崎刈羽原発で事故があったりしたが、そのときも私たちのような東京の営業所に勤務する人間は給与が五％ほどカットされた程度で、ほとんど影響はなかった。

だから経験上、何か不祥事が起きた際の実被害がなかったのです。もちろん上層部は後始末に追われたんでしょうが、現場は何も変わらなかった。強いて言うなら、その原発事故の補償をするためか、各地にあった福利厚生施設がどんどん閉鎖された。医療費がかからない東電病院や、豪華な保養所などが閉鎖され、『あそこは良かったよね。でも、それくらいで済むなら仕方がないな』と、その恩恵を授かっていた昔を懐かしむくらいで」

しかし、社員たちのその希望的観測は、東電がメルトダウンを認めるという最悪の結果で幕を閉じるのである。

メルトダウン

それまで畏敬の念を持って接していた本店の、原発事故以降の狼狽ぶりは目を覆うばかりだった。
〈直ちに影響はありません――〉

そんな政府の声明をなぞるかのように原発事故の発表について時間単位で訂正を繰り返し、原発の安全神話にどうにかすがりつこうと必死に弁解をする姿を、岩崎は冷めた目で見るようになっていた。

四月に入ると、現場での検針作業が目の敵にされた。委託検針員が自転車で各家庭に向かうと、

「嘘ばっかり言いやがって！」

「お前らに払う金は無い！」

そんな罵声と共に、すれ違いざまにツバを吐きかけられたり、生卵を投げつけられる。

この時期、東電が悪いという風潮が最悪の域にまで達していた。社員たちは加害者という意識など皆無に等しい。むしろ被害者意識の方が強かった。だが、世間は違ったのだ。

東電加害者説が現実味を帯びたのは、そんなときだった。四月二五日、プレスリリースにより「一般社員の給与の二割カット」が発表されたのだ。

同僚は沈んだ声をこぼした。

「仕方ないよね」

岩崎も諦めに似た愚痴しか出なかった。

「どれくらい我慢すれば戻るかな」

しかし世論は、「減給くらいで済ませやがって」と、その反省の甘さに東電批判一色だ。

批難は日に日に強くなっていった。それは実害としても表れ、社員寮にペンキで「東電死ね」と

イタズラ書きされるまでになった。

会社からは、自転車用ヘルメットの「ＴＥＰＣＯマーク」を消し、現場に着くまでは制服を着ないなどの指示が出される。社員たちへの被害を最小限に抑える工作だ。

加えて社員たちも独自の予防策を講じた。まだ加害者の意識は無かったとはいえ、東電社員ということを世間に晒すのは不安だ。現場での外食を自粛し、洗濯物も東電支給の制服は外に干さないなどしたのだ。

四月に入ってもまだ、東電はメルトダウンを認めていなかった。なのに、なぜ、自分たちが加害者のように扱われ、さらに給与までカットされなくてはいけないのか。岩崎はじめみながそう思っていたものの、「世論が炎上しているから仕方がないな」と、我慢して頭を低くするよりなかった。

住民たちの罵声が営業所の中にまで届く。

「バカヤロー！」

「お前ら、自分たちが何したか分かってんのか！」

その声は社員たちの胸に深く刺さった。他にも防犯カメラに物を投げつけられたり、会社のガラスを割られたりもした。ついには調布営業センターで放火未遂事件まで起こる。

燃え上がる火の手を見て社員のひとりが叫んだ。

「火事だ！」

東電に悪意がある者の仕業なことは明らかだった。だが、これ以上の被害を出さぬためには、その場では警察など呼ばず、とにかく消火して何事もなかったように装うしかなかった。

岩崎が一連の非難を法事の場で話すと、集まった親戚たちはこう口を揃えた。

「大変ねぇ」

以前は、「良い会社に勤めてるよね」と妬ましく思われていたはずだった。しかし震災後は、そう気を使われるようになったのだ。知人たちも、まるで腫れ物に触るように接するようになった。みんな東電の社員であることに後ろめたさを持つようにならざるを得なかった。

だが、末端の事業所には、一丸となってこの困難を乗り越えようという気力は微塵もなかった。業務方針が決まらず、「仕事量が減って、かえって好都合だ」と閉塞感すらなかったのである。まるで刑事罰で労役場に留置され、そこで強制労働を強いられているかのような指示待ち集団だ。世論に怯えて息をひそめ、日本の将来に漠然とした不安を抱えながら、目前の仕事を粛々とこなす。日々の実りの無い残業を続けながら、同僚たちと携帯メールで情報交換を続け、東電のやるせない現状を慰めあっていた。

賠償係の設立を聞かされたのは、そんなときだった。当初は全社員から無作為に人員が選ばれ、その賠償係に異動させられた。そして四月の設立から二ヶ月後、「人数が圧倒的に足りない」と岩崎のような末端社員にまで組合経由で説明があったのだ。

上司は言った。

「賠償係を組織化します。強いてはもっと人員が必要になります」

にわかには信じられなかった、非常事態。やはり東電が悪いということなのか。

賠償係の組織化は口コミで伝播し、次第に社員たちは置かれている立場を理解し始めた。

賠償係と聞いて、いままで被害者だと思っていた社員たちは、実は加害者だと気付かされたのか。

岩崎は言う。

「いや、まだこの時点でもそうはなっていません。賠償係に関わらず、とにかく〝フクシマ〟に関わる人間がたくさん必要ですよ、という理解です。賠償というより、放射能の除染なり何なりでとにかく人員が必要で、その為に志願者を募るようになる。志願者がいなければ無理矢理にでも行かされるよ、と」

放射能を恐れてのことなのか、ある社員が言った。

「できれば俺は賠償係になんてなりたくない。お前は？」

岩崎は、まだ加害者意識にまでは至ってなかったが、即答した。

「俺はやるよ」

志願者は岩崎ともう一人、先輩の竹内（仮名）だけだった。

婚約者がいた竹内はその日は結論を出さず、家族の判断も仰いだ。

「放射能の影響で子供が心配。それだけはヤメてくれ。行くなら別れろ！」

婚約者の親族は当然のごとく大反対した。結婚や出産を控える身。子供の将来を考えれば、致し方ないことだろう。

しかし、竹内も親族の反対を押し切り賠償係に志願することになる。そうした周りからの反対はあったが、他の社員たち同様、竹内も放射能への不安はそれほど持っていなかったのだ。

岩崎は、自分の他にも志願者がいたことに驚いた。この時期、東京でも放射能汚染の可能性が騒がれ始め、都心部を離れて九州地方などに移住する動きが水面下で起きていたからだ。

この是非は分からない。だが、逃げ出す東電社員は皆無だった。しかし、原発安全神話を盲信し、「本店を信じるしかない」と現状を受け入れざるを得なかった彼らであっても、仕事内容が選べるなら「賠償係には行きたくない」という者が大半だった。

「それでも俺は行くよ」

岩崎や竹内の選択に、みな驚きを隠せなかった。そのときの心境を、岩崎はこう振り返る。

「リーマンショックによるＪＡＬや山一証券の破綻が根底にあり、プライベートでは妻と離婚。総合的に見てこの時期、自分の人生は明らかに下り坂でした。東電も、ＪＡＬや山一証券のように大量リストラが断行されたり、自主廃業に追い込まれるかもしれない。

振り返れば、底辺校から自分をここまで引き上げてくれたのは東電だった。晴れて大企業の一員になって親孝行もできた。でも私は、これまで全く会社に恩返しが出来ていない。仮に会社が無くなってしまうなら、私がその殿(しんがり)になり、一番後ろからでも人が嫌がる仕事を率先してやりたい。それで結果、会社が無くなったり、放射能に汚染されたとしても本望だよね、って」

その決断は、ある行動が引き金になる。賠償係が設立されて一ヶ月後のことだ。

被災地へ

ゴールデンウィーク初日の四月二九日、東京は桜散る少し肌寒い日だった。岩崎は鬱屈した気持ちが溜まりにたまり震災後、久しぶりに同期の木下と居酒屋へ行った。

「今の原発はどうなっているのか……」

木下の声は沈んでいた。

「東北はどうなってしまったのか?」

「……そうだな、気になるなぁ」

岩崎にしても大好きな酒があまり進まない。が、だからといってギャンブルやオンナの話をする気にもなれない。

そして、とにかく震災からこれまでに自分たちに起きたこと、感じたことをとりとめもなく話した。

ふとテレビを見ると、夜のニュース番組で学者とコメンテーターが物見遊山で被災地に足を踏み入れる是非を議論していた。

「…………」

しばらくの沈黙の後に二人は、不自然なまでに顔を見合わせた。

「フクシマに行ってみようか」

そう切り出したのは岩崎だ。ただ時間が過ぎるのを待つばかりの現状に楔を打ち込みたいとの思いだった。

そして木下もそんな衝動に駆られていた。計画を聞き、木下は念を押すように問いかけた。

「本気か？」

「うん。このまま指示待ち人間で終わるのはもう、うんざりなんだ」

木下は、意を決したかのごとく力強い。

「もう、行くしかないよな」

その言葉を待っていたわけではなかったが、逆に驚きもしなかった。一緒に一八年も苦楽を共にしてきた木下のこと、ヤツもまた同じ気持ちだったのだろう。

その場は一旦解散し、翌日（四月三〇日）の昼過ぎ、被災地・福島第一原発に向かって車を走らせた。出来るだけ原発に近づいてみようと、まずは常磐道から群馬県、そして福島第一原発を目指す。

福島に入るには、いくつも障害があった。四倉インターチェンジから先が通行止めだったので、仕方なく高速道路を降りる。一般道からカーナビで福島第一原発を目指すも、すぐに近所のコンビニで警察の検問に合う。それも関係車両以外は侵入できず、あっさりと原発を目指す旅は行き詰まりになる。

「常磐道を戻って東北道から回り込むしかない」

コンビニ店員からのアドバイスで、ひとまず進路を宮城へ変えた。被災地へはこのルートしかないらしい。

その道中、二人で震災当日のことを繰り返し話していた岩崎は、ある光景が頭に浮かんだ。社内では、誰もがテレビに映し出される津波の暴威に呆然としている。

〈宮城県名取市・閖上（ゆりあげ）地区で一〇〇〇人以上行方不明――〉

いまも脳裏に焼きつく、そのニュース速報。岩崎は不意にカーナビの目的地を閖上に変更した。

夜も更けた頃、件の閖上地区に入る。真っ暗闇のなか、車のヘッドライトに照らされ目前に現れたのは、津波でスクラップ同然になり積み重ねられた車と、家々の瓦礫の山だ。それらを両脇に挟んで畦道があった。急ごしらえの街灯がポツン、またポツンと、ずっと先まで配してあるようだった。

この光景に、二人は言葉を失うよりなかった。沈黙のまま、遠くに見える国道の灯りを目指しゆっくりと進む。瓦礫は、本来あったであろう二階建ての家屋の位置まで高く積まれていた。油断すると瓦礫の山に呑みこまれてしまいそうだ。

そこからどうにか抜け出すと二人は、揃って沈黙を破るように大きく息を吐いた後、ようやく気持ちを声にすることができた。

「これが現実だよな」

「ここで沢山の人が亡くなったってことだ」

それでも、これ以上の言葉は出てこなかった。


「どうする?」

岩崎は、この旅の終わりを木下に委ねた。怖くなったのではない。自分はこの現実を受け止められるのか。仮に自分が受け止めたとしても、木下がどうかは判断がつかなかったのだ。

しかし、木下の心は決まっていた。

「もっと進もう」

目的地を岩手にして、再び車を走らせた。

津波の猛威を目に焼き付けるため、出来るだけ海岸線に沿うように北上する。うっすらと夜が明けてきたのは、それから数時間後のことだ。多賀城でもやはり、そこかしこに瓦礫の山があり、車や小型船が津波により塀の上や商店の中に押し上げられていた。それを尻目にガソリンスタンドは給油を待つ車で長蛇の列だ。辛うじて全損を免れた家々の軒先には瓦礫を掃いた跡も見える。

岩手に入ると、住宅街の真ん中に貨物船が流されていたり、観光バスが三階建ての鉄筋住宅の屋上に押し上げられたりしていた。

「これ、津波の……」

岩橋の脳裏を埋め尽くしたのは、いつか見た津波の映像だ。

「多分……うん」

木下もその猛威がオーバーラップしたことだろう。

カーナビに表示されるルートは、そこに存在していたはずの商店街を目印に案内を繰り返すが、目の前に続く光景は水平線まで続く荒野だけだ。

惨憺たる光景だが、その端々で人や車が行き交い、コンビニは仮店舗で営業を再開している。まだ手探り状態だが、確実に生活の息吹を取り返そうと踠（もが）いていることがわかる。

岩手から東京への帰り道は、寄り道する気にはなれなかった。疲労で、話が弾むわけではないが、「これからどうするか」という話が訥々と続くだけだった。東京に帰れば、また日常へと巻き戻される。

「なあ、どうする？」

何度も、何度も木下が繰り返したその言葉に岩崎は、一度も真面目に返事をしなかった、答えは出ていたにも関わらず。

話を擦り合わせたわけではないが二人は、この日のことを誰にも話さなかった。物見遊山と批判されるのが怖かったこともあるが、いま置かれている現実と、被災地に広がる現実とのギャップに戸惑っていたからだ。

さらに原発事故が起きた。なにせ東北がこの有様だ。震災前まで時間を戻すのは無理に違いない。

他人事とは思えなかった。もともと専門学校に行くかフリーターになるしかないと思っていた末端社員の岩崎のこと、東電が標的になれば真っ先に切られる可能性は高く、もしそうなれば泥水のなかを這うような生活が待っているだろう。

岩崎のなかで、この日を境に東京電力が圧倒的な力を持った怪物でありつづけることは出来ないのではないかという思いが増していく。

終わりは突然やってくる。いつか分からないが、東京電力にも早晩そのときが何食わぬ顔をしてやってくるだろう。

そんな東電に何ができるだろうか。まるで断末魔のごとく狼狽するこの怪物と、どう向き合えばいいのか。一八年間食わせてもらったからには、みすみす見過ごすわけにはいかない。

それは人が辛いと思う仕事に違いない、原発事故の賠償係になることではないのか。

岩崎は本気でそう思った。

動機

東電では、被災者への賠償の準備が着々と進められていた。岩崎は、このときの胸の内をこう語る。

「東電には恩返しがしたいけど、事務屋なので原発には携わっていない。なので、加害者としての申し訳なさは皆無に等しかった。だから『被災地のため』ではなく、会社のために志願した。普段は偉そうにしている巨大組織が、本当に慌てふためいているのが分かったから。

だから上司や組織に対し、末端の人間でも手を貸せるチャンスが来たのであれば、なんとかそれを生かして恩返しがしたかった。いままではそんなチャンスすらなかったから。

とにかく会社が困っているのを見るのが初めてでした。記者会見をすれば突っ込まれるし、謝れば謝罪方法を咎められる。計画停電すれば、その計画がお粗末だったりともう、何やってもうまくいかない有様で」

岩崎の大きな動機は、東電への恩返しだった。東電という怪物に従えば、かつては順風満帆に暮らせた。それは抵抗勢力がない、ライバル不在の独占企業だからだ。

とはいえ、原発事故以後の東電は、もはや四面楚歌だと感じていたのだ。岩崎が続ける。

「客観的に見て、東電という組織が初めて人間らしく思えた。威厳のある親父が困っていたら手を差し伸べたくなる、みたいな。

いつしか民事再生法を適用され、何千人単位で首を切られてそして、ついには会社が終わると本気で思っていました。入社して、東電一筋一八年目。社会経験を東電しか知らない私に、迷いはありませんでした」

賠償係と聞いてイメージしたのは、被災者の対応だ。料金収納係をしていた岩崎は、実務はもちろんメンタル面でも自信はあった。

賠償係の志願者を募られたとき岩崎は、初めて会社に頼られている気がした。テレビをつければ、上層部が謝る姿のオンパレード。そんな弱々しい怪物を見て、「助けてくれ」と言われているように聞こえたのだ。そして末端社員の岩崎にすれば、会ったことはもちろん、名前すらも知らない上層部の人間たちと、このとき初めて同じ東電社員として一つの線で繋がったと感じたのである。

もちろん下心がなかったと言えば、嘘になる。周囲から羨ましがられる仕事をしていると優越感に浸っていられたのは、震災前までの話だ。時を同じくして離れ離れになった愛娘のための養育費も必要なのに、気がつけば出世はもちろん、その出どころさえ閉じかけていた。絵に描いたような転落ぶりである。

賠償係になることは、そんな人生を逆転させるためのまたとないチャンスだ。カネ、オンナ、出世欲……すべてが一気に満たされ、なおかつ東電に恩返しができるとすれば、願ってもない。

こうして岩崎は、まるでそうなることが決まっていたかのように賠償係になるのである。

第三章　賠償係

福島原子力補償相談室

二〇一一年四月二八日に福島原子力補償相談室が開設され、岩崎は賠償係になった。福島原子力補償相談室とは、原発事故の被害に関する書類の受付や相談の窓口である。

ここに、震災から賠償の受付が開始されるまでの流れを列挙したい。

・二〇一一年三月一一日
東北地方太平洋沖地震が発生。政府は原子力緊急事態宣言の発令を発表。福島県対策本部から一号機の半径二kmの住民一八六四人に避難指示が出される

・三月一二日
東京電力・福島第一原子力発電所、事故発生

・三月一四日
東京電力が計画停電を実施

・三月二五日
福島第一原発の半径三〇km圏内の住民に自主避難を勧告

・四月一五日
東京電力は、この避難した人々に対して、賠償金の仮払いをすると発表
・四月二八日
福島原子力補償相談室開設
・五月一八日
東電がメルトダウンを認める
〈原子炉圧力容器の中の燃料棒は、ジルコニウムなどの金属でできた筒（被覆管）の中に、核燃料のウランを小指の先ほどの大きさに焼き固めたペレットを何百個も詰めたものだ。炉心溶融とはペレットが溶けることを言い、メルトダウンとは、炉心溶融が進み、燃料全体がどろどろになって棒状の形を失い、落下して圧力容器の底にたまることを言う。圧力容器の鋼鉄は一五〇〇度で溶けるため、メルトダウンが起きると底に穴が開き、溶けた燃料が漏れ出すこともある。
東電は一～三号機について、メルトダウンは認めてこなかった。だが一号機では圧力容器の水位が想定よりも低く、底部に穴があいて水が漏れていることが確実になった。東電は解析の結果、地震の翌日には燃料がすべて溶けて圧力容器の底に落ち、メルトダウンが起きたことを認めた。二、三号機については、燃料が溶けたことは認めているが、メルトダウンは認めていない。経済産業省原子力安全・保安院はペレットが溶けて崩れることを「燃料ペレットの溶融」、溶けた燃料棒が原子炉下部に落ちることを「メルトダウン」とする定義を先月示している〉

（「朝日新聞」二〇一一年五月一八日）

・八月三〇日

プレスリリース「福島第一原子力発電所および福島第二原子力発電所の事故による原子力損害への本補償に向けた取り組みについて」

〈本補償の体制

現在、当社社員（約七〇〇名）を中心に一二〇〇名規模で補償相談業務を実施しておりますが、本年一〇月を目途に体制強化を図り、社員約三〇〇〇名を含む六五〇〇名規模で補償相談業務を行ってまいります。

また、本年九月一二日付で本店の福島原子力補償相談室内に本補償にかかる書類の受付・確認及び支払いに関する事務を行う「補償運営センター」を設置するとともに、本年一〇月一日付で福島県以外の東北地方各県における補償業務に的確に対応するため、「東北補償相談センター」を宮城県仙台市内に設置いたします〉

（「東京電力株式会社」※一部抜粋）

・九月一二日

福島原子力補償相談室への内示を受ける

・九月二七日

法人及び個人事業主への賠償受付開始

福島原子力補償相談室への内示を受け、岩崎が東京・門前仲町に異動したのは、九月一二日のことだった。

その前日、デスクの整理をしていると、職場の上司や同僚、後輩たちに立て続けに声をかけられた。

「家庭の事情がありフクシマに行けなくてすまない」

「くれぐれもカラダには気を付けて」

まるで戦地に赴くような手向けの言葉をかけられたのである。委託員（検針のおばちゃん）に至っては、「早くこっち（営業センター）に戻ってこられるよう頑張って」とまで言われてしまう始末。自ら志望したとは知らず、岩崎が赤紙に震えているかのごとく映っていたのだろう。

岩崎は「補償運営センター・産業補償受付第九グループ（以下、第九グループ）」に配属された。賠償係になったのは、関連会社を含め六〇〇〇人以上。補償運営センターは審査部門で、聖蹟桜ヶ丘には協議部門、現地（福島）にも二〇〇〇人近くが派遣された。

東京・内幸町の補償運営本部には、ADR（原子力損害賠償紛争解決センター）が置かれた。ADRとは、文部科学省が所管する賠償関連の相談室で、原子力発電所の事故により被害を被った人々が円滑、迅速、公正に紛争を解決することを目的として設置された公的な紛争解決機関である。

出社当日、賠償係たちは門前仲町にある東電子会社が入る一四階建てのオフィスビルの前に集合した。ビルの周りは派遣社員を含めた賠償係たちで人だかりが出来ていた。入り口で順番に入退室のキーを兼ねた仮のＩＤカードを交付される。現場作業員をしていた岩崎は、かつて経験したことがないほどの物々しい雰囲気に飲み込まれていた。

賠償係はひとまず、ビルのエントランスに集められた。朝礼が始まった。

「誰もやりたくない仕事なのは当然で、私もやりたくない」

その所長の挨拶に、誰もが重苦しい気持ちになるしかなかった。そんな空気を察したのか所長は、

「しまった」とばかりに激励の言葉で切り返し、みなを鼓舞した。

「これまで誰もやったことがない仕事で、決まっていないことばかりだが、ここにいる仲間と立ち向かっていこう」

配属先の第九グループは一四階の一角だ。第六から第九まで、中央にある四基のエレベーターをぐるりと囲むように配置され、さらに東フロアと西フロアとで大まかに分けられていた。第九グループは、西フロアをさらに移動式の扉で間仕切りをして執務フロアとしていた。

執務フロアには六チーム分の真っ白な長テーブル、そして各席にコールセンターにあるようなヘッドセット付の電話器とノート型パソコンが配置されている。そのテーブルを両サイドから挟むように五人ずつ座り、さらにその後方には同様の長テーブルが並べられ、一チーム一二人ほどの派遣社員が座る。これが九グループの全体像である。

第九グループは法人個社と呼ばれる、主に避難区域にある法人や個人事業主への賠償、福島県内

で避難区域外の製造業、サービス業等を行う法人や個人事業主の風評被害、観光業（関東三県と外国人キャンセル）に関する風評被害などを担当する。ＧＭ（課長）を筆頭に、計六〇人ほどの大所帯で、東京電力の社員が八割、派遣社員、関連会社からの応援社員が二割で構成されていた。さらにこの六〇人はチームリーダーが一人、サブチームリーダーが二人、そしてメンバー七人の一〇人編成になり、計六チームに班分けされ、それぞれのグループを「シマ（島）」と呼んだ。

ちなみにＧＭは東大卒のエリートらで占められていた。そしてチームリーダーも、本来は課長待遇の大卒エリートたち。一方、岩崎たち一介の賠償係は、その大半が出世レースとは無縁の高卒組だった。

研修

翌日から研修が始まった。右も左も分からない賠償係たちに、分厚いマニュアル（賠償の手引きなどの取り扱い資料）や請求書の見本、そして経理入門書などが配られた。

研修は、東フロアと西フロアの二グループに分かれ、間仕切りを外して一週間ほど行われた。マニュアルを使って賠償概要、個人賠償、法人賠償について一通り、九〇分から一二〇分単位で、講師役の東電社員から足早に説明されるのである。

講師役の東電社員は恐々としていた。

「えー、東京電力が受け付けた賠償請求書は東電社員、トッパン・フォームズからの派遣社員等からなる請求書受付専門のグループですべてPDF化され、基礎データとともに『新損害賠償システム』に紐づけされます。

一次審査は審査チーム（派遣社員）で『チェックリスト』と照らし合わせて請求内容の確認をしてください。また請求金額の精査については『簡単君（デロイトが作ったエクセルの計算ソフト）』に入力してください。

二次審査は社員のシマで行い、チェックリストでNGとなったものは『不備対応表』をもとに解消してください。この判定にNGがあると審査を通すことができません」

俯き加減で終始、資料を棒読みする講師役は、明らかに短期間で付け焼き刃的に学習した印象だった。講師役はババを引かされたのだろう。岩崎のように自ら手を挙げてはいないに違いない。

そして決算書の読み方を学ぶカリキュラムへと続くが、みな首を傾げるよりなかった。無理もない。マニュアルは専門用語だらけ。もちろん経理経験者など皆無に等しいのだ。

マニュアルの中身について、岩崎が解説する。

「『取り扱い資料』は、『新損害賠償システム』というコンピューターソフトの流れを指し示したものと、賠償の請求書の内容ごとに、その作業の流れをフローチャートで記したもの。また電話応対のスクリプトについては、別冊子になり、それについてもまだ、しっかりとは作り込まれていないものでした」

研修で分かったことは、新損害賠償システムと呼ばれる原子力損害賠償専用のオンラインシステムがあることだ。受領（※社内では入荷）した賠償の請求書は全てＰＤＦ化し、請求者に紐づけされデータベース化される。それをパソコンの画面で審査して、結果を新損害賠償システムに登録。その後、いくつかの承認を経て賠償金が支払われるのである。

賠償係たちはデモ画面を操作したが、金額の自動計算はなく、請求者とコンタクトをとった履歴の登録機能と、添付資料のＰＤＦの確認や承認機能が主なところで、このオンラインシステムさえも急ごしらえに思えた。サンプルデータのみしか扱えず、ほとんど出たとこ勝負になる状況だったのだ。

この説明とマニュアルだけではとても実践に出られない。そう判断した岩崎は、即座に講師役に申し出た。

「書類が手書きの場合はどうしますか？」

不安に思っていたのは、他の賠償係も同じだった。

「震災前一年分の売り上げが分からない場合は……」

そうして少しでも取り扱い資料に書いていないことへの質問の手が上がると、たちまち講義は中断したのである。

この研修に影武者のように講師役に寄り添っていたのがデロイト トーマツ コンサルティング

（※以下、デロイト）の面々だ。東電に代わって賠償業務を指南する役目を仰せ付かる、民間のコンサルタント会社である。見かねたデロイトが、背後から囁くように耳打ちして回答を伝え、それを、そのまま伝える講師役。

原子力損害賠償についてのスキルなど持ち合わせようがない東電は、まさにデロイトに丸投げしていたのだ。当初はデロイトがそうして助言していたが、何度も中断する状況に結局、不明な点はその都度相談するとして講義は進められたのだった。

請求書の入荷

駆け足で研修が終わり、いよいよ請求書が入荷してきた。一〇月初旬のことだ。

法人と個人事業主への賠償受付は九月二七日より開始していたが、個人事業主の賠償が先行していたため、岩崎の法人部門は請求書の入荷が一週間ほど遅れていた。

その間に課せられたのは、自習と現地（福島）説明会への応援だった。東電が作った個人への賠償請求説明資料が一六〇ページにもなり、それを被災者各々に送りつけたためインターネットで大炎上したのもこの時期だった。

岩崎は語る。

「精神的損害、就労不能損害、生活品購入費、一次立ち入り費用、避難費用等、多岐にわたる賠償のため、説明資料が分厚くなるのは仕方がないと思った。私も四泊五日で説明会に行かされましたが、個人賠償の個別相談会のブースは大混乱でした。でも被災者の方から凄まれたり怒鳴られたりしたことはなく、怒りよりも嘆きだったり、涙を流される方が多かった。

『東北の土地柄なのかね、これが西の方だったらこんなもんじゃ済まないよ』

隣席した社員が、そう安堵の表情を浮かべていたのを覚えています。

二度目の応援は法人関係の個別相談会。法人といっても、相談会に訪れるのは個人事業主がメイン。個人の賠償と違って、この賠償対象が営業損益に直結するので、請求者からはかなり真剣に相談されました。

賠償ロジックは、主に原発事故が原因で得られなかった営業利益を支払うものです。私は予習を入念に行って対応しましたが、説明すればするほど納得されず、渋い顔で席を立つ被災者ばかりでした。最終的にいくら支払われるかが算出される仕組みで、その額に納得が出来ないからだったのでしょう。さらに賠償金の仮払金として既に二〇〇万円を上限に受け取ってしまっているため、相殺されるとカネが手元に残らない。そうしたことも納得されない理由にあったのだと思います。

極端な話、震災前が赤字ならゼロ回答（月額五万円。最低額の支払い）になってしまう。でも、『ハイそうですか』と納得するわけがない。だから『足りない分（仮払いとの差額）はどうやって返せば良いの？』と、使い切ってしまった仮払い金の返却に困る被災者も少なくありませんでした」

請求書が届くと、まずは一次審査役の派遣社員たちが「住所の確認」「名前の記入漏れ」など、フローに基づき簡単なチェックを入れる。そして精査した結果を、別冊子の「チェックリスト」に書き込んでいく。

岩崎が詳しく解説する。

「請求書は、東電が用意した型紙があります。例えば原発から三〇キロの避難区域内に住んでいた方たち向けの請求書があり、その請求書に直接、避難者たちが当時の住所、名前、事故前の売り上げなどを書き込む。その請求書に適正箇所に正しく記入されているか否かをチェックするのが一次審査です」

不備があればNG欄にチェックを入れる。そのNG欄を〝OK〟に変えるのが、二次審査を受けもつ岩崎たち社員の役目だ。

岩崎は続ける。

「二次審査は、本来はエスカレーション的なダブルチェックだけ。しかし請求書には備考欄があり、そこに雛形にない請求が書かれているともう、途端に審査ができなくなってしまう有様でした」

ガイガーカウンター（放射線測定器の購入費用）など、イレギュラーな請求は尽きない。するとデロイトと上層部が話しあい、それをマニュアル化する。もちろん上層部はデロイトのイエスマンだ。

つまり東電は、審査をすべてデロイトに任せる腹積もりだったのだ。ガイガーカウンターに関しては、結果、一〇万円以下を条件に補償対象になった。こうして賠償のスキームは、半ば手探り状態で決められていく。

請求書は区域内、区域外に別れ、区域外は業種ごとに分別されている。それに該当する請求書がそれぞれ送られてくるのだと、岩崎は説明した。

「三〇キロ以内の法人（※資本金が一億円未満の中小企業）と個人事業主、三〇キロ圏外は、福島県内の漁業、加工業、製造業、サービス業、観光業と、その業種ごとにカテゴリー分けされていた。あとは関東近郊の観光業、栃木、茨城、群馬、千葉の外房も補償対象でした。

原子力損害賠償紛争審査会が発表した『東京電力株式会社福島第一、第二原子力発電所事故による原子力損害の範囲の判定等に関する中間指針』を根拠に、デロイトがそれぞれの賠償スキームの叩き台を作り、東電にお伺いをたてて微調整を行いリリースというのが、この後延々と続く賠償のワンパターンです。

また請求金額は、定型の請求書通りに書くとかなり少なくなります。そこに請求者の〝想い〟が乗っかり、基本は、震災前の売り上げ補償のところ、いろいろ金額を足してきたり……」

賠償額を増額するために、現地に駐在している東電社員と、地元の商工会とで談合することも少なくなかったようだ。ある被災者は、営業損害額を出す際に本来減算しなければならない販売費・一般管理費中の変動費をあえて考慮しないで計算していた。その不自然な算出方法について指摘すると、東電社員に「それで良いと言われた」と、ニベもない。

なかには「商工会で東電から何回も説明を受けている。この書き方で間違いない！」と怒鳴る被災者もいた。それを現地社員に確認すると、「確かに書かなくて良いと説明してしまった。もう説明してしまったから覆せない」と開き直る。

周囲の審査でも同じ話が出てきてしまい、みなが対応に困っていると、東電本部から「ここと、あそこの商工会に加盟している請求は、現地で話がついているから請求書の必要項目が抜けていても不備にあたらないとする。しかし他から同じ請求がきたら原則不備扱い」と不条理な〝申し送り〟が。

その後も度々、同様の申し送りが本部から届くようになり、各地での混乱ぶりは想像に難くなかった。単身福島に派遣された東電社員が被災者と毎日向き合わなければいけない状況で、遅々として進まない賠償に、胃を痛めながら頭を下げ続けた結果なのかもしれない。いつまで経っても、「まだ決まっていません」「何も判断できません」では、朝から晩まで突き上げられ、耐えきれずに勇み足ともとれるような行動となっても仕方ないのかもしれない。

そうして請求者も、あれは補償されるのか、ならコレもと、東電同様に暗中模索の状態だったに違いない。そして決定を下すのは、すべてデロイトだ。有力者が圧力をかければ簡単に落ちる。事実、千葉の内房は森田県知事の要請で補償対象地域になった。それが賠償という世界だ。

風評被害

岩崎は主に法人部門を担当した。請求書は一一種類用意されていて、定型と呼ばれる通常の書類の審査に当たっていた。間接被害やその他という請求書もあったが、これらは非定型と呼ばれ、賠償問題の和解や仲介役をする、本部直轄のＡＤＲ担当が対応していた。

賠償係は審査まで行い、賠償金額を請求者に提示するまでが仕事になる。その後、請求者が賠償額と合意するかどうかの交渉は、東京の多摩地区外れにある協議グループが担当した。審査した担当者と請求者が直接話せないようにして、賠償の公平性を保つためだ。しかし実際は、なし崩しでバンバン請求者と電話で直に話をすることになった。そして自然、半年後に審査チームと協議チームは合併した。

一ヶ月、二ヶ月と過ごすうち、どうにかやっていけそうな自信が湧いてきた。送られてくる請求書の数は少なく、想像よりもはるかに業務がラクだったのだ。料金グループでは残業など珍しくなかったのに、ここでは定時で帰る日々。もちろん放射能被害の危険など微塵もない。

しかし一一月、一気に請求書の数が増加する。連日遅くまで残業していた個人賠償部門にいる同僚の苦労話を、他人事として聞いていた岩崎だが、いよいよ自分の身にも降りかかってきたのだ。

そして法人担当の賠償係も激務と化すのだ。その理由については岩崎に語ってもらおう。

「まずは原発事故による避難対象区域内の営業損害を賠償する、法人個社と呼ばれる請求書が大量に入荷しました。法人個社は、避難指示区域内（原発から三〇キロ圏内）で原発事故以前に営業をしていた法人、個人事業主が対象でした。

当初はもちろん、避難区域内の法人など、避難により休業を余儀なくされた方々への賠償だけ。この人たちは被害を被っているから当然です。でも福島県民の避難指示区域外の人たちにまで賠償の噂が広まり、『俺たちも請求できる』と、こぞって請求書を送るようになってきたのです。

それまで一チームにつき、日に数通だったのが、以降は三〇から四〇通までに。いわゆる『風評被害』的な請求書も送られてくるようになった。それで人手不足に陥り、請求書が捌き切れなくなり、どんどん溜まっていきました。

東電社長は『速やかなお支払い』を目指し、『受付から一ヶ月で賠償金支払い合意書の発送をしたい』と記者会見で息巻いていましたが、実態は違いました。一ヶ月で合意書の発送まで進むのは、東電の筋書きどおりの請求書だった場合で、少しでも標準例に沿わないものがあれば〝不備あり〟とされ、審査はたちまち滞ったのです。

郵便番号が違う。名前の漢字の間違い。賠償額の計算が違う。こうした基本的なものなら、まだ良かった。やっかいなのは、賠償額の減算項目の記載数が社内基準に達していないものや、『追加的費用』と呼ばれる、営業損害に含まれないその他の費用を請求してきた場合などです。賠償額を算定する過程で、東電が想定した減算項目に漏れがあると『不備あり』だし、追加的費用はもう、記載があった時点で不備あり。そして、それが一つでもある状態では支払い承認には移れません。

　要は東電の型に嵌まっていないものは全てダメ。請求者のイレギュラーな思惑は問答無用で支払の指標対象から外されてしまうのです。

　この解消が大変でした。というのも、東電が全方位から非難されている状況下で、その際たる被害者に直接、電話で連絡しなければならない。

　例えるなら、交通事故の示談交渉で過失割合が一〇対〇で、加害者本人が被害者と話をするのと同じ。しかも、この賠償部門に集められたのは、これまで部外者に頭を下げずに過ごしてきた烏合の衆です。

　交渉術など当然、これっぽっちも持ち合わせていません。同じチームの変電所勤務だった五〇代の男性社員は、半日以上かけて自作問答集を作ってから、声を震わせて請求者に電話していた。同じく五〇代の総務出身の女性社員は、請求者に怒鳴られて泣きながら『申し訳ありません』と繰り返していました。

　電話の内容は、そのほとんどが請求額の見直しや訂正なので、マトモな請求者ほど正論を武器に抵抗しました。しかも損害賠償の基礎額を決める部分は今後も続くので、一旦折り合ったように思っても後日、合意書を送ってから見直しを求められることもあるのです。

　それにこの当時、支払い額が三〇〇〇万円を超える場合はデロイトから派遣された会計士の所見を書面で添付した上で所長に決済を仰がなければならず、対象の請求書がかなりあったのも処理遅延に繋がっていました。見方を変えれば三〇〇〇万円以下はGM決済で支払い承認が出来た。この決済権限は、一二月にはGMが五〇〇〇万円、所長が一億円まで、以上は室長といった具合に、日を追うごとに緩和されました。

そんな滞留を、原賠機構からボトルネックだと指摘され、未処理の請求書を捌くまで帰らせてもらえない日々が続きました。原賠機構からの指摘により、一一月末、本部がGMへと特命を下したのです。

このため補償相談室の本部は、ことあるごとに『キコウガー、キコウガー』と顔色を窺っていました。特別事業計画に沿って賠償を行わないと原賠機構から厳しいお叱りを受け、強いては支援金が受けられなくなるからです。

このときGMは、珍しく声を荒げて本部を批判し、『本部を黙らせるから』とみなを鼓舞していた。滞留の原因は、寄せ集め集団に過ぎない賠償チームにあることは明白で、その真意は不明ですが、彼も上から下からの板挟みで、表面上だけでも現場の肩を持つしか他に方法がなかったのでしょう。

一方、私たち現場の人間は、とにかく標準例と少しでも違えば不備ありとしなくてはならず、またグループのGMやチームリーダーも素人のため、ヘルプデスクとして駐在しているデロイトを頼るしかなく、その板挟みで四面楚歌でした。そのデロイトの回答に至っても一週間以上かかることもザラでした。さらに東電の基準担当グループとの検討会議にかけられると一ヶ月以上も野ざらしになることも。

それで機構からのお叱りを受けて、一日の請求書承認ノルマを達成するまでそのグループの帰宅を禁止するというお達しが本部の総括調整部署から各グループのＧＭに出され、さらに過酷さは増しました。ＧＭは、この総括調整から相当罵倒されていたようです。

高学歴でエリート社員に属するＧＭは、そのプライドを傷つけられ精神的に疲弊していたのでしょう。私のグループのＧＭも、日に日にイライラが募り、チームリーダーに『とにかく請求書をあげてくれ』と声を荒げるようになっていました。

私たち末端の社員は、これまでも残業を強いられていましたが、もう一五時には近接のビジネスホテルが早々に帰宅を諦めた面々の予約で一杯になる有様でした。そして一人、また一人と出社しなくなる社員が現れ、職場は殺伐とした空気でいっぱいになった。審査を通すことと、不備を解消することが両立せず、みな頭を抱えて身も心も荒んでいったのです」


賠償業務が過酷になるにつれ、カラダの不調を訴えるものまで現れたのだ。

現場同士でパワハラが始まったのは、そんなときだった。岩崎が請求書を精査していると、隣ジマの五〇代女性の同僚が年下の派遣社員に向かって日頃の鬱憤をぶつけた。

「早く処理しろよ。お前がノロマだから私が帰れないんだからな」

ＧＭの回答待ちで遅れているだけだった年下の派遣社員は弱々しい口調で答えた。

「えっ、そんなこと言われても……」

「なんで出来ないんだよ！　私がクビにしてやろうか？」

　理不尽極まりなかった。

「だってGMが……」

「私に口答えするのか！」

「………」

　口籠もるしかなかった。

「お前、俺より先に帰るの？　職級いくつだよ！」

　すぐ側では格下相手への八つ当たりだった。

「やる気がないならもう来なくていいからな！」

「………」

　職場は一日、また一日と荒涼とした。やり場のない気持ちが内ゲバのごとく他者へと向けられたのだ。

　社員たちは、どうにかパワハラを和らげたいと動くが、力及ばず。結果、その社員や派遣社員は二人とも退職した。

　見かねたGMがとった行動は、なんとチーム間の三角トレードだった。理由は単純。当初のごとく本部に楯突く気力などないからだ。

体調を崩し出身部署へと出戻る社員も現れ、定期的に人事異動が繰り返されていた。その機に乗じてチームの再編成を行い、本部のため、また保身のため、ガス抜きでその場を取り繕ったのだ。

一方で、東大卒のＧＭ配下にあたる、岩崎のチームのリーダー・青木の我武者羅ぶりには驚いた。近くのホテルで定期的に懇親会を開いたり、再編成の際に感極まって涙を流したりと、人心を掌握することも欠かさなかった。さらにチームのメンバーを分析し、性格や職歴に応じて与える仕事量などを調整した。課長待遇のため、残業手当は皆無に等しいが、自らも残業や土日出勤を積極的にこなしていたのだ。

そんな青木を岩崎は、尊敬の目で見ていた。実は、彼は岩崎と同期入社。上昇志向の強い岩崎にとっては憧れの的だったのだ。青山学院大学卒で、学閥を超えて出世レースを勝ち抜くには、仕事で結果を残すしかない。東大卒だらけの上層部に食い込むため必死に食らいついていたのである。

そんな青木の頑張りにＧＭも心を動かされた。当初は賠償の取り扱いや体裁にこだわり前例のない請求などの承認をなかなか出さなかったが、機構からの指摘を受けての「速やかな賠償」への比重重視を感じ取り、ＧＭが旗振り役となりグループとしてノルマ達成を一番に立ちまわるようになったのだった。

しかし賠償業務には、さらなる困難が待ち受けていたのである。

架電

岩崎の主な業務は、請求書のチェックと〝架電〟だった。

架電とは、エビデンスを拡大解釈で処理するために資料の不備を被災者に電話で尋ねることだ。「津波の影響ではなく原発事故による影響かどうか」「事業継続や再開の意思」などを、電話で確認する。

当初は出来る限り書面での対応を行っていた。だが、処理の遅延が問題になり、次第に電話での対応に比重が置かれたのだ。

架電は最も困難な業務とされていた。なかでも〝支払い対象外〟の宣告は、相手を強く刺激した。警戒区域内の被災者は、自宅や会社に戻れないことで、現実問題として資料を揃えづらい状況にある。さらに、当然ながら被害者意識が強く、よく〝お叱り〟を受けた。

よほど東電に対する心証が悪かったのだろう。抗議、嗚咽、罵詈雑言、恫喝……といった内容になりがちで、説教じみた言葉を三時間も浴びせられ続けることも珍しくない。電話対応は精神的な負担が大きいのだ。

電話対応にも基本スプリクトと呼ばれるマニュアルがあった。「この度は大変ご迷惑をお掛けしております」から始まり、反論されれば「大変申し訳ありません」と繰り返す。当然、電話はこちらからは切らない。

そして「お支払いできません」「ではADR（※原子力損害賠償紛争解決センター）」へご相談ください」の二つは、絶対に禁句だ。

東電に対する補償請求には、以下の三つの方法があった。

一、東京電力に対する直接請求
二、ADRへの異議申立て
三、訴訟提起

訴訟提起はハードルが高いので自然、請求者にとってはADRへ駆け込むことが問題解決の近道になる。これをされてしまうと東電は、原賠機構からバッシングの標的になる。

強いては原賠機構からの支援金をストップされることになりかねないのだ。逆にいえば、直接請求からのみで賠償金を支払わないとアウトなのである。

また東電は、国からの賠償支援を受ける条件として、次の五つの約束の遵守を誓約している。

一、迅速な賠償のお支払い
二、きめ細やかな賠償のお支払い

三、和解仲介案の尊重
四、親切な書類手続き
五、誠実な御要望への対応

プレスリリースもされた五つの約束は、社内にも所狭しとして貼られていた。なかでも「迅速な賠償のお支払い」が重視され、社内全体がそれに向かっていた。

二年後には以下の三つの誓いにリニューアルされたが、賠償が「迅速なお支払い」に特化してしまっていたことには変わりない。東電の賠償スキームがいかにスピートに拘っていたかを明白にするために、一部を引用する。

損害賠償の迅速かつ適切な実施のための方策（「三つの誓い」）

一、最後の一人まで賠償貫徹

二〇一三年一二月に成立した「消滅時効特例法（東日本大震災における原子力発電所の事故により生じた原子力損害に係る早期かつ確実な賠償を実現するための措置及び当該原子力損害に係る賠償請求権の消滅時効等の特例に関する法律）」の趣旨を踏まえるとともに、最後の一人が新しい生活を迎えることが出来るまで、被害者の方々に寄り添い賠償を貫徹する

二、迅速かつきめ細やかな賠償の徹底
ご請求手続きが煩雑な事項の運用等を見直し、賠償金の早期お支払いをさらに加速する。被害者の方々や各自治体等に、賠償の進捗状況や今後の見通しについて機構とも連携し積極的に情報をお知らせする（生活再建や事業再開検討の参考にしていただく）。戸別訪問等により、請求書の作成や証憑類の提出を積極的にお手伝いする

三、和解仲介案の尊重
紛争審査会の指針の考え方を踏まえ、紛争審査会の下で和解仲介手続きを実施する機関である原子力損害賠償紛争解決センターから提示された和解仲介案を尊重するとともに、手続きの迅速化に引き続き取り組む

肝心なのは、「迅速なお支払い」に終始していることはもちろん、「原子力損害賠償紛争解決センターから提示された和解仲介案を尊重」と掲げ、請求者をＡＤＲへの異議申し立てから遠ざけている点だ。東電は、賠償の責任者ではなく、〝仲介者〟に過ぎないというスタンスなのである。原賠機構からの支援金が命綱である以上、こうするしかなかったのだろう。そのため東電では、「迅速なお支払い」と「ＡＤＲの回避」が徹底された。よほど支援金の打ち切りを恐れていたに違いない。

話を電話対応に戻そう。

まずは被災者を怒らせぬようにと、お詫びの気持ちを込めて挨拶する。

「担当の岩崎です。この度は大変ご迷惑をお掛けしております」

野太い男の声が、受話器から届く。

「どうせ何とも思ってないんだろ」

「大変申し訳ありません」

岩崎は恐縮しながら本題に入る。

「で、お送りいただいた決算書では少し足りないのですが……確定申告書、変動費の記入漏れがあります」

「足りない？　言われるがまま払えばいいんだ！」

原発事故の主犯であるがゆえ、東電社員に指示されること自体に腹を立てるのだ。あくまで〝お願い〟をしている立場を崩しはしないが、「なんで命令するんだ！」と変換されてしまう。

「被害の状況を、もう少し加筆してください」

「そんなの分かってんだろ、お前。いったい誰のせいでこうなったと思うんだ。言ってみろ！」

「大変申し訳ありません」

疑っているわけではない。もちろん凄惨な被害状況など聞きたくもない。しかし記入してもらわないと補償できないため、被害者感情を逆撫でするつもりはないが押し問答に終始してしまう。

被災者によっては日を跨いで二度、三度と話すこともあった。すると要求は、さらに増長した。

こちらが無下な対応をしたからではない。被災者同士で情報交換し、担当者によって賠償額が上下することが分かってきたのだ。

「なんでお前が（賠償額を）決めるんだ？」

「大変申し訳ありません」

「あんたは『ハズレだね』って周りから言われたよ」

むろん必死になだめはした。

「すいません、ご希望の賠償額のためにも被害の状況を……」

しかし、状況は泥沼化するだけだった。

「岩崎、お前に会いに東京まで行くから、覚悟しろ！」

得体の知れない男に脅迫されれば、これ以上食い下がるわけにはいかない。岩崎は黙り込むしかなかった。

宣言どおり、男が門前仲町にやってきたと聞いたのは、それから三日後のことだ。幸い、上司が対応してくれて、男は諦めて帰った。

そうして実際に行動に移すのはレアケースだが、その前段階までになんとか宥めて電話で聞き取るのだ。当初は自筆が必須で、手紙でのやり取りで加筆をしてもらっていたが、審査のスピードアップを図るため、電話での聞き取りでも良くなった。それでは被害状況を事細かく聞き出せるはずもなかったのは言うまでもない。

震災発生以降、東電の責任問題を追及する記事は少なからずあったが、クレーム対応をする内部の人間が告白することはなかった。しかし、そんな岩崎たちの苦悩を代弁するかのごとく全国紙にこんな記事が出た。

■三カ月で七キロもやせた東電ＯＬ　悲痛な心情を吐露

原発事故以降、クレーム電話は鳴りっぱなしです。毎日一〇〇回以上、電話口で「申し訳ございません」と謝っています。多いのは「こんな事故対応で、電気料金を払わせるのはおかしい」といった内容のものです。突然、怒鳴りつけてくる方やネチネチ苦情を言ってくる方などさまざま。中には「親戚の娘が福島出身というだけで破談になった。こういう場合、慰謝料はどの程度請求できるか」といったお答えできないようなケースもあります。

厳しい電話もあります。「これから一切、電気料金は払わない。あなたの給料から払っておいて」とか「どれだけヒドいことをしたかを自覚しているなら、今から三分間謝り続けろ」といったものです。私は申し訳ない気持ちで受話器を持ちながら深く頭を下げています。派遣社員の中には「社員じゃないのにここまで言われるのは苦痛」と言って辞めてしまった人もいます。

今までの人生の中で、こんなに毎日誰かに叱られていることは初めて。正直言うと、本当に疲れます。被災地の方々のことを思うとそんなことを言ってはいけないのですが。同僚の中には鬱や不眠症になってしまった人もいます。（以下略）

（「日刊ゲンダイ」二〇一一年七月一日）

この記事を受けて岩崎は、「自分と東電ＯＬの告白を重ねました。やはり私たちもこんな状況に置かれていたんです」と共鳴したという。だが、大手インターネット掲示板の投稿者たちは、記事に対して辛辣だった。


〈そういう会社に勤めている以上　仕方がないな〉

〈でもねぇ、日本人はジェントルよ、ほんとに。外国でこんなひどい事故を起こしてごらん。会社が襲撃されて社員が何人か殺されているよ〉

〈事態、本当に理解してる？　日本中に放射能汚染が広がってるのよ。上を向いて歩けない会社に所属していると、ご理解されるべきです〉

〈社員はどうして執行部に文句いったり、吊し上げたりしないんだ？

　ふくいち（福島）に飛ばされるからか？

　この期に及んで愛社精神とか言ってる場合じゃないと思う。ちゃんと社内からも、執行部を批判し、役員を全部入れ替えるくらいの動きを見せなければ、批判されても文句いえないと思う。自分達から企業年金カット、ボーナスカットを言い始めるくらいの気概がほしい〉

〈何も知らないで就職したわけでは無いでしょう？

原発事故でどれほどの被害が出てるか…もう既に自殺された方や　今後の子供達の病気の事を思うと…。本当に日本人は節度（有り過ぎ！）があるから謝罪の電話で済んでると思います〉

岩崎は続ける。

「ネットの厳しい意見は、正直ヒステリックで怖いなと感じ、溺れる者を棒でたたくような国民性を垣間見たと思いました。でも、当時の当たり前の意見として支持されていたと思います。そして、こうした意見を様々な状況で目にした東電関係者がどんどん萎縮していったのも、事実です」

批判の根底にあるのは、メルトダウンを認めたことによる、東電が加害者であるという現実だ。

これにより、ある状況が生まれる。東電は加害者なので、いくらゴネてもデメリットはない。被災者は、感情論で水増し請求をしても聞き入れざるを得ないだろうという認識ができるのだ。

震災は、発生当初は日本全体の問題として捉えられていた。しかし電話対応した方に限れば、東電を被害者として見る向きは皆無だったのだ。

「これ以上は聞けないよね」

そうして審査を終わらせるしか術がない。またデロイトも、それを許した。だから詐欺を疑う感情など微塵も湧かなかった。

最終的には被害状況を聞いた体にして、賠償係が「被害状況を聞いた」「津波じゃないことが確認できた」と記入することで審査を円滑に進めることになった。何か書いてあればいい、津波での被害じゃないことが分かればいい、という方針だったのだ。

賠償審査はそうして、半ばなし崩し的に緩くなっていった。

歯車が狂い始めたこの状況を岩崎は、こう指摘する。

「風評被害の基準は、決算書などの足りない部分をどこまで他の資料で補うか。請求書が滞留し、デロイトの判断で、その審査条件がどんどん緩くなった。作業を流すべく、ガチガチに作られたエビデンスを拡大解釈で処理していくようになったのです。

デロイトは、原賠機構に『賠償しなければカネを貸さない』という命題を課せられている東電の、指南役です。原賠機構が東電の命綱であり、賠償業務が素人同然の東電にとってはデロイトが生命線。それは私たち末端の賠償係でも手に取るように分かりました。つまり東電もデロイトも、口には出さないまでも審査は『ザルでいい』との意向だったのです。

要は、いかにして滞留を解消するか。なのでデロイトも、審査を簡単にできるフローを作ったりだとか、会計士を増やしたりだとか、様々な策を講じていました。

『一七時までに五通、審査を通してくれ』とノルマを課すなどの圧力もありました。なので、エビデンスは足りないけど、請求者に『電話で足りない書類の確認をしたからＯＫ』という具合に、なあなあで審査を進めるしかありませんでした」

とにかくノルマをクリアするため、審査を通すことありきでものごとが進んでいったのだ。

東電の指南役であったデロイトは震災の復興業務について、ホームページで次のように標榜している。

■復興支援室

震災後、人口減少・経済圏縮小という社会的課題が深刻化した東北は、日本の一〇年後の未来を映し出しているといえます。民間のヒト・カネ・知恵を総動員し、元に戻す復興ではなく、イノベーションを加えた「震災新興」を果たすことが将来の日本経済再生の大きな足掛かりになると考えます。主体的に復興支援に取り組むことは被災三県（岩手県・宮城県・福島県）全てに事務所を有するデロイト トーマツ グループに与えられた社会的使命であるという考えのもと、デロイト トーマツ グループ各社から専任・準選任をあわせ四六名（二〇一五年四月現在）の各分野の専門家を集め、被災企業と被災地経済の復興・成長に貢献すべくプロフェッショナルファームとしての知見を活かしたサービスを提供していきます。

デロイトが専門分野を有したプロ集団であることは間違い無いだろう。だが、岩崎に言わせれば、それは名ばかりだと言えなくも無い。賠償コンサルと言えど営利企業であるならば仕方がないことかもしれないが、審査を欠陥だらけにしてしまったからだ。

岩崎は続ける。

「最初の請求書は、三月一一日から八月末日までの、約六ヶ月分。年間売上から、震災被害で減少したものなので、業種によっても格差があり、何千万円の法人もあれば、赤字であれば最低補償額の三〇万円（※月額五万円）の個人事業主もありました。

しかし、忖度というか、赤字の部分は見ないことにして、別の方法で試算して補償額を水増ししたり、また現地・福島の東電社員などが指南したりなどして水増し請求したりした。福島の各地域には、それぞれ相談窓口があるので、そこで被災者が請求書の書き方の指南を受けられる。請求人は、あくまで被害者なので、相談者も当然、被害者側に立つ。

こうして水増し請求の構図が確立されていました。確定申告と同じで、とりあえず『体裁を整えれば』という感じで。なので、いかにして賠償金を払うか、ということを主軸に置いて動いていました。

相談員の水増し指南は、基本は請求書の書き方を教えるだけ。でも相談者は、実際に被害者と対面しているわけで、やっぱり被害者から日々、厳しい言葉を浴びせられ続けている。だから自然とそういう思考になったんでしょう。もちろん私もそうでしたが、デロイトしかり、ザルになっても自分の腹は痛まないという投げやりな部分もあったことでしょう。

賠償金の財源については、賠償に従事している社員たちは多分、誰も考えていなかったと思います。というのも、賠償には予算という概念がなかったから。当初は、東電の資産で賠償するとのことでしたが、現金は二〇〇〇億円ほどしかなく、あっという間に底を突いた。以降は、予算については誰も考えてなかったはずです。

経費は、固定費と変動費に区分されます。固定費は、震災がなければ『いまもかかっていたであろう』費用です。なので、前年の売り上げから変動費を差し引いた額が賠償額になります。

変動費とは、例えば、既に避難していて使われない電気代など。つまり人件費以外のランニングコストです。

そう、賠償額はほとんど被害者の言い値でした。本来は、売り上げから経費を差し引いた額にも関わらず。

私が審査する段階では、既に忖度が働いている状態の請求書になるので、それを加味して多く支払うというよりは、一次審査をパスした請求書を、いかにしてスムーズに上に通すか。なので、バカ正直に書いてある請求書も、誰かの指南を受けて水増しされた請求書も、分け隔てなくそのまま払う、と。

請求書は、最初は六ヶ月分ですが、以降は三ヶ月ごとに送らなければならないので、バカ正直に書いていた被害者たちもそのうち気付くのでしょう、自分たちは損をしているのでは、と。そうしたなかで福島の相談員たちの忖度が働いたんだと思います。

九月に一回目の支払日があり、一二月には二回目の支払日が来た。その二回目あたりから水増し請求が増えてくるようになりました。

また被害者も、被害者同士で請求書を付き合わせ、もっと請求できると勉強していたと思う。近隣の青果店と鮮魚店であれば情報交換くらいはしたはずだから。

そうした事業者のネットワークで、請求書の水増しは伝染していきました。それは、第一回目の請求額より明らかに増えているので、一目瞭然で。

私としては被災者の方々への贖罪の気持ちはなく、会社の存続のため、とにかく溜まった賠償書類を裁くことが至上命令だと思っていました。なので、会社が望むことを出来る限りやる、と。被災者と東電。どちらの肩を持てばいいのか、賠償係の私は悩むべくもありませんでした。

でも、実際に被災者の方々と話すと、〝大変な想い〟や〝失ったものの大きさ〟に胸を打たれた。書類上は数字だけしか見えませんが、それを具体例を交えて言葉にされると、どうしても感情移入してしまうようになったのです。

だから現地で実際に被災者と顔を突き合わせる相談員に忖度が働くことは、なんとなく分かりました。それで私は水増し請求を助長させるのではなく、審査のスピードに比重を置きました。仮払いでもらったお金を使い果たしていたりすると明日の生活にも困る状況なことがもう、肌で感じられたから。

仮払いは、賠償とは別にもっと簡易的に支払っていたもの。二〇〇万円を上限に売り上げが確かでない人にもポンと出していた。被災者の方々は、仮払いにも返却義務があるという頭があるので、返金について凄く心配されていました。実際には賠償金と相殺されるんですけどね。

また三ヶ月スパンでやってくる請求をし続けないと生活ができないので、そうしたスピードを求める方が多かった。日々の生活があるので、とにかく早く現金が欲しい、と。

それは震災により仕事が寸断され、商売の先行きが見えなくなった人たちでした。つまり避難者で、かつ賠償請求する元気がある人たちです。

一方、デロイトなどの上層部は、様々な課題を抱えつつも直接電話で話すことはないので、私たちより冷めた目で見ているな、という印象でした。だから意見の相違もあった。『この申請書類では賠償できない』と平気で言われることもありました」

もちろん賠償係が支払い拒否を宣告できるはずもない。そこに温度差を感じていたのだ。

しかし実際は、仕事を円滑に進めるため、さらに上からの圧力により慣れ合いになることが常だった。長いものに巻かれる体質は、件の森田知事の一声により千葉の内房が賠償対象地域に組み込まれたことにも象徴されている。

デロイトの上に東電の上層部。さらに上には原賠機構が居座っている。東電は、原賠機構から賠償金を借りるために掲げている目標があった。目標をクリアしなければ、カネは借りられない。強いては賠償が全てストップし、それは東電の崩壊を意味する。上層部は原賠機構だけを見ていたのだろう。

東電は生き残るため目標に拘った。しかし原賠機構からの支援金は、返却義務があるにせよ、それには電気料金があてられるため東電の腹はほとんど痛まぬカネだ。よほどの事態に追い込まれなければ、保養所などの資産を売り払ったり、経費を節約して捻出する必要がない。

東電は、賠償がザルになればなるほど息を吹き返したのだ。請求者たちがクレーマーなら、東電も同じ穴のムジナだ。賠償はみんなの血税や電気代で成り立っているのだから。

そうして当初は書類の不備を理由に賠償を蹴っていた上層部も、次第に現場と歩調が合っていった。

「最初からだますつもりで請求されると、どうしようもない。我々は迷惑をかけている立場で、はじめから請求を疑うことはできない」

ある新聞記者によれば、東電関係者はそう内状を打ち明けたそうだ。だが、実際には賠償に必要な厳正なる審査の機能が働かなくなっていたのである。

拡大する風評被害

警戒区域を離れた避難者たちの苛立ちが頂点に達したのは、震災から一年後のことだった。

「こんな（東京・東雲）慣れない土地に住みたくないわよ」

「早く地元に帰りたい」

そんな怒号が飛び交ったのだ。しかし避難者たちは、「日常を返せ！」と電話口で責め立てた。

岩崎は語る。

「警戒区域には入れないので、実際には帰りたいと思っている人ばかりではないのかもしれません。なぜかと言えば、審査書類には現在の仕事を書く欄がありました。収入があれば賠償額は減額される。つまりその主張は、地元に戻って仕事をすることと矛盾したのです。『避難先でお弁当を売って儲かっている』という、あるお弁当屋さんがいました。しかし、そうバカ正直に申告したばっかりに、賠償の支払額は差し引かれてしまった。しかも、その売り上げが前年の売上を超えてしまっていたので賠償できなくなってしまった。それで憤っていました、『頑張ったのになぜ、カネが入らないんだ！』と」

賠償は、正直者が馬鹿を見る状況にまで陥っていたのだ。

それには「就労不能損害補償」が関係していた。就労不能損害補償とは、原発事故に伴う避難により仕事ができなくなった被災者のために、事故がなければ入っていたはずの収入と、減額した事故後とで、その差額を補填する制度である。これは個人に対する補償だが、もちろん法人の場合も同様である。

つまり弁当屋は、避難先で利益を上げたばかりに補償されなかったのだ。そこにきて万難を排さずにいた者たちにカネが払われるとしたら、堪忍袋の緒が切れても無理はない。

この論理が正しいか否かは別にしても、仕事をしてもしなくても同じなのは事実。大半は仕事をしないか、あるいは収入があっても申告せずにいた。どうにも補償が受けられなかったのは少数派で、逆に目立って記憶に残っていたらしい。

そしてデロイトは、なぜか私腹を肥やしていた。ときを同じくして「数十億円の売り上げ（コンサルフィー）」と報じられたのである。

デロイトの社員は、傍目に見ても馬車馬のように朝から晩まで働いていた。仕事場に連泊することなどザラで、それも一、二時間しか寝ていない有様だった。

賠償が本格化すると、このデロイトから会計士や税理士がローテーションを駆使して、日々、一〇〇人単位で送り込まれた。賠償係の請求書処理のフォローをするためだ。

士業の優秀な先生たちにも関わらず、末端スタッフの岩崎たちにまで甲斐甲斐しく接した。フリーの会計士であれば、日当五万円で派遣されていたのが、その理由だ。末端であっても東電社員は大切なお客様との認識だったのだ。

いつものように仕事中にデロイト社員と会話するなか、岩崎はこの頃から「景気がいい」という話を頻繁に耳にするようになる。

自然と口元が緩み、デロイト社員が聞いてもないことまで語りかけてくる。

「（売り上げが）凄いんですよ。自分の給与も上がって」

「いいですね、どのくらい上がったんですか」

デロイト社員は即座に中指と人差し指で二を表す数字を示した。

「年収二〇〇〇万超え。震災さまさまだよ」

その返事が来るとは思っていなかったが、逆に驚きもしなかった。上層部が決済権者として君臨していたが、彼らは下から上がってきた書類を決済するしかない。つまり実際は二次審査をする岩崎たち末端社員に決済権があるため、デロイト社員たちも心を開かざるを得ない。賠償が進むにつれ、デロイト社員たちの表情が明るくなっていったのである。

この時期の最高賠償額は一億超だった。それは岩崎が担当した河口湖のホテルなので、内情は手に取るように分かる。

「河口湖を『箱根』として中国人観光客を呼び込んでいる」

ホテルの担当者はそう嘯いた。富士山のビュースポットだと、中国人が大挙して訪れているらしい。

担当者は何食わぬ顔で続けた。

「ウチは客のほとんどが中国人で、震災の影響で九割がキャンセルになった」

インターネットで確認すると、客室数が一〇〇ほどある大型ホテルだった。計算上の被害額は一億円を超えた。もちろん高額なので、厳正な審査になった。

ザルな部分も確かにあった。中国人観光客の予約状況は帳簿上でしか分からない。岩崎の確認不足だったところでデロイトが咎めるはずもない。まさに「震災さまさま」だ。

岩崎の胸に驚きと恐怖が交錯する。

かつては電気料金の徴収係で、数千円の滞納で送電を止めたり、電気メーターの計算間違いでたった一円多くもらってしまっていたとして返金していた。

それが、いきなり億単位のカネを扱うようになったのだ。現ナマは見ていない。しかし数字の羅列は確かに億だ。それをロクに審査もせずにポンっと払う。

こんな芸当がまかり通ってしまうのだ。実感の湧かぬまま、岩崎が審査を通すだけで大金が簡単に動いてしまう。このカネが誰のものであろうとシャレになっていない。

こうした場合、普通は東電の賠償のあり方について疑問をもつものだろう。だが岩崎はそれを良しとはしなかった。自己陶酔に陥っていたのかもしれない。なにせ底辺校から這い上がり、いまや東電の中枢にいるのだ。まともな感情でいられるはずがない。

あるいは悪事を思いついたとしても不思議ではない。請求者と悪巧みすれば賠償額を釣り上げることなどわけない。後にキックバックをもらうことも容易いことではないか。

もっとも現実的に実行することは難しい。請求書は無慈悲かつ無作為に振り分けられる。つまり結託した請求者を担当するとは限らないのだ。

かくして岩崎は、ごく自然に東電の馬車馬になった。上層部の傀儡（かいらい）になり、とにかく我武者羅に請求書を捌いたのである。

岩崎は語る。

「当初は、自分たちの書類審査で数百万から数千万、億超えと、目にしたことがないような金額を支払うことに慎重になっていましたが、この支払い承認ノルマが優先事項となってからは、いかにして支払うかに焦点が絞られました。会計士に相談するというよりは、支払いOKの言質を結果として、GMやチームリーダーが〝迅速なお支払い〟に紐づいた評価を気にするあまり、決められた基準通り慎重に請求書を処理することより処理した件数や複雑な案件をどう支払ったかを求めるようになったのです。

迅速なお支払いの指針にならい、朝、各チームにノルマが課せられました。書類を見れば、通しやすいか否かは、書き漏れの有無で一目瞭然。なので、通しやすそうであればそのまま通すし、そうでなければどうすれば通せるかを考えた。またノルマを達成するため、通せそうな書類を選んだり。そうして形式主義に終始するようになりました」

一方、複雑な案件を処理することも社内評価に繋がった。

岩崎は続ける。

「〝払わなければいけない〟なかで、その理由づけをするための能力も求められていました。例えば内部売り上げや風評被害ではない部分を、他地域の風評被害で賠償した統計を用いて無理やり風評被害として計上したりです。デロイトや会計士と筋書きの相談をすると、風評被害に沿ったアドバイスを出してくれたりしたので二人三脚で審査を通す。

そうして理由づけをすれば、上層部がそれを精査して覆すことはありませんでした。個人の裁量による決済枠があるので、上層部と意思疎通ができていればわけありません。ただし、賠償額が決済枠を超えるとさらに上の承認が必要になるので、追加の統計などが必要になりましたけど」

請求者は担当者を納得させる。担当者は上層部を納得させる。湯水のようにカネが右から左へと流れても、誰も疑問を口にはしない。はたして電気料金や血税を使った賠償がそれでいいのか。岩崎の胸は抉られる。

だが、そんな葛藤は同僚たちには全くないようだった。なんとか考えないようにすることだけで精一杯だ。

「とりあえず払っちゃったけど」

「まあ、しょうがないよね」

彼らの危機感のなさが、東電を憂う岩崎にとっては歯痒くもあった。

賠償請求が本格化したのは、それからまもなくのことだ。

第四章　マネーゲーム

石焼イモとポン菓子

震災の傷跡が色濃く残る被災地から、続々と請求書が届いたのは、震災から一年になろうとする二〇一二年一月後半のことだった。

これまで様子見をしていた被災者が、先行して請求した被災者に多額の賠償金が支払われた噂を聞きつけ殺到してきたのだ。避難区域内で商売をしていたというだけで支払わざるを得ない状況だった。明確に営業実態がある法人だけではなく、有象無象が現れて、東電に「賠償せよ」と迫ったのである。

賠償金を請求するには、原則として以下の書類が必須になる。

一、身分を証する書類
　法人は商業・法人登記簿謄本。個人事業主は住民票
二、事業を営んでいた事を証する書類
　事業許可証
三、従前の収入金額を証する書類

法人は決算書。個人事業主は確定申告書

ある日、届いたのは、被害概況欄に震えるような文字で「焼きイモの販売をしていました」と書かれた請求書だった。

岩崎は語る。

「避難区域内で、リヤカー一つで『石焼イモ屋をやっていた』と主張。しかし売り上げ伝票も確定申告書も、確実に証明できるものが何もなかった」

同封された証明書類は、住民票ではなく、自治体が発行した罹災証明書。罹災証明書とは、被災者の申請によって、家屋の被害状況の調査を行い、その被害状況に応じて「全壊（一〇〇〇万円）」「大規模半壊（五〇〇万円）」「半壊（止むを得ず建物を解体しなくてはならない場合は一〇〇万円）」「一部損壊（ゼロ円）」等を認定し、それを証明したものだ。

この罹災証明書に応じて、「生活再建支援金」として家が壊れた人なら誰でも補助が受けられるのである。

これとは別にもう一つ、被災証明書がある。被災証明書とは、被災した事実を、人に対して証明するものだ。罹災証明書は役所などに認定してもらうものだが、被災証明書は被災地に住んでいれば誰でも発行されるもの。要は被災地に居住していたという証明書だ。

しかし事業を営んでいたことを証するものは、近所の青果店で仕入れたサツマイモの領収証だけだった。確認すると、原発事故のせいで焼きイモ屋ができなくなったからと役所に相談したら、東電への賠償請求を勧められたからとのことだ。それを受けて役場の近くにある東電の相談所に行ったところ、東電社員が請求書を書くのを手伝ってくれて言われるがまま記載したそうだ。

岩崎は言った。

「もう少し詳しくお聞かせ願えませんか?」

「難しいことはわかんねぇから」

繰り返し質問するも、会話は一向に噛み合わなかった。対応した東電社員に事情を聞くため、いったん電話を切った。

「この方は確定申告などしておらず焼きイモ屋を営んでいたことの証明が出来ないため、代わりの資料として近所の青果店に領収証を再発行してもらうようアドバイスした」

その領収書には、「焼きイモ屋の材料としてサツマイモを販売した」と一筆添えてあった。

岩崎はその青果店にも電話で確認する。

「焼きイモを売ってたのは間違いない、俺が保証する」

そう断言されれば信じるしかない。しかし、弁護士の反応は厳しい。

「利害関係がある者からの資料になり、第三者からの証明としては使えない」

弁護士の顔は終始、強張っていた。

あらためて対応した東電社員に聞いた。耳に飛び込んでくるのは焼きイモ屋の男性を案ずる残念そうな声だ。

「いろいろ話を聞くと、住民票の関係で個人としての賠償を却下されていたのです。秋から冬にかけては毎年、焼きイモを売っていたというので、個人事業主として最低賠償額でも何とかならないかと考えて請求書を出すようにアドバイスしました。いい人そうだったけど、だめなら仕方ないですね……」

最低賠償とは、売り上げの証明ができなかったり、証明が出来ても赤字だったりした請求者を救うため、月額五万円を支払う方法だ。これを選択してしまうと、図らずも今後は同様の最低賠償しか受けられなくなってしまう。被災者であれば是非とも避けたいことだろう。

東電の相談員としてはやむを得ない選択だっただろうが、これもダメ。まさに八方塞がりだった。

何とかならないものかと、岩崎は罹災証明書を発行した町役場に経緯を尋ねた。書類の不備は否めないが最低賠償くらいの権利はあるだろう。

「その方が焼きイモを売っていたのは本当ですよ、原発事故で辞めてしまっていますけど。ただ、住民票は違う土地なんですよね。いわゆる住所不定という状況で、ウチも罹災証明は出せたんですが。だから、とりあえず東電に相談してみてくださいと話したんですよ」

岩崎にはあるアイデアがあった。

「税金関係で、その代わりになるようなものはありませんか？」

役場の担当者は、しばらく電話を保留した後、次のような提案をした。上司に掛け合っていたのだろう。

「特例で、役場の方で焼きイモの販売をしていたことを認める旨を一筆書いて公印を押したものを出そうと思うのですが、どうですか？」

それで一安心した岩崎は、お礼を述べた後、焼きイモ屋の男性と連絡を取り、役場に取りに行くように伝えた。これで救済の道筋は見えた。

よほど嬉しかったのだろう。翌日には役場が発行した証明書が届いた。意気揚々と弁護士に証明書を見せる。

「うーん、蓋然性があるから、まあ良いでしょう」

前回はしかめっ面をしていた弁護士の顔が綻んだ。

その結果を持ってデロイトに確認した。

「本来は認められないところだが、弁護士の見解もあり最低補償額の支払いということで他への影響も少なそうなので支払いをしても良いだろう」

岩崎は結果をＧＭに報告し、「弁護士との相談の結果、役場が発行した書類には請求者が事業を営んでいた事を証明するに足る蓋然性があるとの見解を得た」との記録を残すことで、焼きイモ屋の男性への賠償を進めることができたのだ。

岩崎は言う。

「税金すら払っておらず、かなり無理があると思いながらも払った。もちろん最低補償額、六ヶ月分でたったの三〇万円でしたけど。

証明するものが何もなかったので、仕方なく役場のサインをファクトとしましたが、仮にリヤカーの写真でもあれば、それが重要な証拠として審査を通せる。なので、仮に随分前から営業してなくても、昔の写真でもあれば簡単に払うほど避難区域内の被災者には気を使っていました」

疑わしくも写真を重要な証拠とする、というのが会社の方針だったのだ。

そのとき、なぜか上司から「良いことをした。よく払った」と褒められた。

賠償係の実感が湧いた瞬間だった。程よい高揚感を得た。


同じ避難区域内の「ポン菓子屋」では、家主が現地にいけないからと、代わりに現地社員がポン菓子機を撮影しに福島へ飛んだこともあった。

町内会の祭りのポスターに、「ポン菓子あるよ」と手書きの文字。手帳に祭りのスケジュール、自宅前と思われる場所でポン菓子を作っている写真、仕入れをしたとされるポン菓子を詰めるためのポリ袋の領収書などがあったものの、肝心なポン菓子機の写真はない。

石焼イモ屋よりは確実に事業を営んでいたと分かるが、収入の証明はできない。ポン菓子機の有無が証明されたことで結果、最低賠償額が支払われた。

岩崎が続ける。

「最低賠償額は、確定申告が出来ないほどの収入しかない方たちを対象にした賠償ルール。最初の賠償は六ヶ月分なので、月五万円（最低賠償額）×六ヶ月の、計三〇万円。

ポン菓子屋の場合、売り上げは証明出来ませんが、とりあえず『月五万円でももらえるなら……』という感じで、さほど悪意はないと判断しました。納得する、しないは関係なく、一度認めると、以降は『最低賠償額しか認めません』という最初の断りがあり、それも理解されてのことでした。

また、明らかに後付けされた売り上げノートでも、当初は被災者感情を考慮して突っ込めなかった。しかし、一二年の夏頃からは見直すようになった。手書きの売り上げで、ノートの年次が同じだったり、筆圧が同じだったりする売上表はやめましょう、ということになりました」

一方、ときを同じくして賠償係はさらに過酷さを増していた。やがて被災者たちの請求は危険エリアから飛び出し、避難区域外の事業者たちが〝風評被害〟をタテに請求書を送り始めたのである。福島県内ばかりでなく茨城、栃木、群馬、千葉県の一六市町村からも訴えが湧き上がる事態にまでなった。

二月、そして三月――。

倍々ゲームのように増え続ける請求書。「迅速なお支払い」という目標を達成するための簡略化。それに対して、どこまで賠償ルールを厳格化するのか。賠償係は翻弄された。

過熱した賠償合戦は、新たな問題を生んだ。原子力損害賠償紛争審査会によると、二月七日時点での請求は、個人と法人合わせて約八万六五〇〇件で、そのうち賠償に至ったのが約四万五九〇〇件。賠償金の支払いは、仮払いを含め総額約三七〇五億円にのぼったのである。

風評被害は清濁併せ持つ〝マネーゲーム〟の始まりだったのだ。

潮干狩り会場のキッチンカーとつるかめ堂薬局

千葉県の外房が風評被害の追加賠償に認定されたのは、三回目の支払いを控えた二月からだった。当該地区で営業する潮干狩り業者だった。その高額請求に戸惑いながらも岩崎は、冷静に切り出した。

「月額で五〇〇万円を超える売り上げ、ですか」

「まあ、潮干狩りシーズンだからね」

さも当然、といった口ぶりだった。手書きの日報によれば、お好み焼きとドリンクで一日最高五〇万円を超える。ピークの五月の売り上げは五〇〇万円以上だ。常設店舗ならまだしも、車の移動販売。さすがに無理な売り上げなのでは。

日報は怪しいことこのうえないが、疑いだしたらキリがない。

「わかりました」

立ち止まるわけにはいかなかった。追加賠償に認定された直後のこと、これから膨大な請求書が来ることが予想される。しかも会社は、とにかく払う前提で審査を進めろという方針だ。手書きでもなんでも、とにかく「払える方法を考えろ」と。

「原価率が一〇%以下なので……お支払い金額は五〇〇万円ほどになる予定です」

数日後、別の業務にあたっていると、難なく承認されたことが漏れ伝わってきた。会社は、あの怪しいキッチンカーにカネを出すらしい。

海にある潮干狩り会場は観光地。そして観光は風評被害の対象だ。原発の影響で海に観光客が来なくなり、強いては潮干狩り客も減った。

理由も充分だった。海洋汚染も懸念され、原発事故で海を敬遠したとされれば、否定する余地はない。

つるかめ堂薬局は避難区域内の小さな薬局だった。震災の影響で在庫が全部駄目になったという。岩崎は言う。

「当初は売り上げ分だけの賠償で動いていたところ、申請者としては避難をしていて、薬など商品の在庫が全てダメになったため、『その在庫分も賠償しろ』と主張しました。ネット検索にも引っかからないほど小規模の薬局でしたが、その在庫分の見積もりが一〇〇〇万円を超えてたんですよね」

岩崎は検討中を装い、「まだお支払いの判断はできません」と引き伸ばした。手書きの在庫票を不審に思ってのことだった。

進まぬ賠償に店主がキレたのは、それからすぐのことだった。

「お前に何がわかるんだ！」

その真意を確かめたいが、避難区域内のため落とし所を探るしかない。

結果、デロイトにより在庫を認めるというロジックが作られ、全額払うことになった。

海の家

潮干狩り会場のキッチンカーの前例にならい、海の家関連の請求書は半ば無条件で賠償するようになっていた。売り上げを記す日報は、どれもみな手書きだらけ。ページの前半部分は筆圧が高く整列した字面だが、後半になると筆圧が弱くなりそれに、垂れて配列が斜めに。後付けで書き込んだ売り上げ伝票だと想像される出来栄えだった。

しかし、岩崎に不正を証明する術はない。繰り返すが性善説が大前提であり、疑わしくは罰せず、だ。

ザルのチームが大半で、当初は不正を疑いつつも払っていたが、岩崎が声を上げたことで風向きが変わる。

「これは不正では？　もう一度精査しよう」

意見は同僚たちの胸に響いた。義憤に駆られていたのは岩崎だけではなかった。明らかな不正は許すまじ。手書きの日報しかないのなら、他のエビデンスを求めるようになったのだ。

茨城の海の家から連発して請求書が届いたのは、そんなときだった。夏季だけで五〇〇万円の請求だ。手書きの売り上げ日報に加え市民税の申請書が添えられていた。

海の家の業者に対して岩崎は言った。

「食品衛生許可証はありますか？」

食品衛生許可証には、正規の許可証の他に、一時的に催される行事で発行してもらう臨時許可証があった。保健所に申請するだけで発行されるのだ。祭りのテキ屋などがそれにあたる。食品衛生許可証ではなく、臨時許可証を手に入れて賠償係を欺こうとしていたのである。

不正が発覚しにくい理由としては、もう一つ別の問題も絡んでいた。請求書は一通ずつ無作為に、地域や業態に関係なく各賠償係に届くので、見比べることが難しかった。

そこで岩崎は考えた。社内では、そんなシステム的な不備を修正して欲しいという声があった。ならデータベースで検索するのはどうか。臨時許可証が添付された住所に近い申請者の有無を確かめられるじゃないか。

すると似たような住所や業種が複数あることが発覚。付き合わせて確認すると、申請番号は連番。

申請日も同日だ。過去の営業実態は嘘ではないのか。

岩崎は保健所へ問い合わせた。

「これは明らかにおかしいのでは」

保健所の職員は頷いた。

「新規に発番された臨時許可証の申請が同一日になることは非常に珍しいケースです」

疑惑は深まった。この連番の臨時許可証は、誰かが発案して急拵えしたものだな、という推理ができた。

弁護士に相談したところ、

「誰かに入れ知恵されたんだろう、許可証があれば賠償されるって」

意見は岩崎と一致した。

だからといっていきなり却下はできない。状況証拠は揃ったものの、その疑惑を直接ぶつけることには慎重にならなければならない。賠償制度の方針は、性善説に基づき全て払うのが基本である。

却下が増えるのもまた、困りものだったのだ。却下した請求書の数が増えると、今度は払い渋りを世間的にも、機構にも疑われてしまう。却下は、払うために求めた書類を出してこないなど、相手にボールがある状態でのみ許されるのだ。これなら東電が掲げる指標から外れる。

ならば、新たにファクトを提出してもらうのは、どうか。我ながら良いアイデアだ。

岩崎は言った。

「仕入れの領収書の添付をお願いします」

「えっ、探してみるけど、あるかなあ……。ねぇ、絶対に領収書がないとダメなの？」

そうして持久戦に持ち込まれると、書類が用意できない請求者は諦めるしかない。臨時許可証を新たに取得する不正は却下されたのである。

海の家の賠償を巡り、さらなる不正が横行したのは、それからすぐのことだった。


疑わしい請求書を先延ばしにした岩崎の元には、その後も海の家からの賠償請求が次々と舞い込んだ。千葉の外房の手口は、さらに巧妙だった。

すでに現地の相談員の入れ知恵が働いていたようで、ご丁寧に専有許可証が添付されていた。各県に賠償請求の窓口である地域相談室があり、審査が円滑に進むようアドバイスをしていたのである。相談員は顔と顔を突き合わせて請求者の相談に乗るため、どうしても請求者に忖度が働く。東電の方針を熟知していて、審査部門との温度差などを無視して払う前提でその方法を考えてしまう。

岩崎が審査を担当したその業者は、専有許可証で外堀を埋めて申請してきた。占有許可証は、新規申請や虚偽は難しいのだ。さらに調べると、この地域の海の家は一〇〇％の確率で世襲制。昔から営業しているのは間違いない。ただ岩崎が見る限り、売り上げ台帳の水増しが感じられた。

「売り上げ台帳がありません」

「なら例年の人数から国のデータと照らし合わせて算出しましょう。まあザックリで大丈夫です。

専有許可証があるので、そもそも審査など必要ありませんから」

おそらく相談員とこんなやりとりがあったのだろう。正すのは数字の計算間違いだけでいい、無条件に審査を通しなさい。見れば見るほどそう言われているかのように完璧だったのだ。

しかも一度に一〇人が、一〇人とも同様の請求書を出してきたのである。それでも岩崎は黙って判を押すよりなかった。

宇都宮ギョウザとラーメン店

風評被害かどうかの線引き。それは観光地か否かも重要な判断材料だ。賠償対象地域であっても、実際に現地を視察しなければ騙されてしまうことを「宇都宮ギョウザ」の審査は教えてくれた。

支払う寸前だった。駅近の店舗だった。事情を知らない岩崎は当初、宇都宮を観光地だと勘違いしていた。

そんななか偶然、宇都宮から新幹線で通勤していた上司からの指摘があったのだ。

「ダメだよ。宇都宮はベッドタウンだよ」

観光業はこれまで、「観光パック」と一括りにして無条件に支払っていた。むろん、既に賠償済みの飲食店も多い。その格差はつまり、いかに賠償係の目をかいくぐるかに尽きる。

やはり審査は人の手によるものなので、一人の反対がそのまま却下に直結する。それが上司であればなおさらなのだ。

ババを引いた被災者には申し訳ないが、そこには運、不運がある。賠償は個人の裁量で左右されるのだなど感じた瞬間だった。


栃木のラーメン店は過去、テレビ東京のビンボー脱出バラエティ番組への出演歴が判明した。怪しい請求書が増えたことで、インターネット検索で過去を精査するようになったのだ。

上司は言う。

「テレビに出るほどなら、元々売り上げが少なかったってことだよね。つまり売り上げ減は震災の影響ではないよね」

「まあ、そうなりますかね」

「売り上げが上がったのは、テレビ出演での特需だよね。下がったのは自業自得じゃないの?」

上司は諭すように、冷たく言い放った。番組出演歴が仇となったのだ。

当然、と思える仕打ちだが、店主も黙ってはいない。このあと猛烈な抗議が始まるのだった。

「なんでウチはダメなんだ!」

「大変申し訳ございません」

店主も必死だ。

「理由を言えよ！」

しかし、クレジット会社が審査に落ちた理由を言えないのと同じで、却下の原因は言えない。「書類が足りない」などとして、やはり諦めるまで待つしかないのだ。

「もう一つ、新たに申請書類の提出をお願いしたいのですが……」

「そんなの無理だよ。頼むよ、なんとか払ってくれよ」

ついには泣き落とし作戦に出るが、岩崎にとっては慣れっこになっていたのである。

テキ屋

茨城のテキ屋から大量の請求書が届いたのは、三月に入った頃だった。毎年、二月中旬から三月末まで開催されている、水戸の「梅まつり」を皮切りに、夏の花火大会までの半年間がその対象。震災後から「客が激減した」と言い出したのだ。

震災があってもなくても、実際にはある程度の売り上げがあっただろう。だが、送られてきた震災前の売り上げ伝票が全く信用に足らないシロモノだった。花火大会の日付が違っているなど、ネットで調べればすぐに分かるほど杜撰だったのである。もちろん明確な不備ならば岩崎も引き下がるわけにはいかない。

「花火大会の日付が間違っていますけど」

岩崎がその理由を問いただすと、相手はたじたじ。明らかな捏造に対しては、相手も引かざるを得ないのだ。


満を持したかのようにテキ屋の副組合長から三〇通の請求書がまとめて届いたのは、その一〇日後のことだ。一件あたり平均一〇〇〇万円。なかには二〇〇〇万円超えもあった。

各催しのチラシコピーやインターネット告知のコピーを添付し、テキ屋の組合発行の証明書類も同封。賠償請求の被害概況を述べる欄は、まるで東電の社内資料を模倣したような書きっぷりだった。

むろん、岩崎は却下を匂わせる手紙を送った。テキ屋一つで二〇〇〇万円の売り上げがあるはずがない。どうせヤクザまがいの連中の仕業だろうと勘ぐってのことだ。

やはり、相手は根っからのヤクザだった。すぐさま茨城の東電相談員から助けを乞う電話が掛かってきたのだ。

「呼び出しを食らって、いま副組合長の家にいるんです」

後ろで激昂する副組合長の怒鳴り声が聞こえた。

「話が違うだろ!　疑っているのか!」

岩崎が事情を尋ねると、相談員は声を押し殺しながら答えた。

「相手は片手の指が二本しか無いんですよ！」

身の危険を感じているようだ。

「何とか払えませんか？」

「いや、そう言われても……」

「なら、どうすればいいんですか？　あなたが直接話してください！」

事情は理解したが、電話では感情論になる可能性が高い。岩崎は過去の売り上げ台帳などを見て報告書をあげて欲しいと伝えた。

それでも怒りは収まらない。相談員からケータイを奪った副組合長が言う。

「それを用意したら払うんだな！」

「いや、払う、払わないではなくて。まずは書類を確認させてほしいんです」

相談員から、最後に「私の命が危ないんです」と懇願されて、その日は終わった。

翌週、茨城の相談員がわざわざ東京の岩崎のもとへやってきた。電話では状況が伝わらないと判断したのである。

その相談員は、茨城のテキ屋群を一手に請け負っていた。指のない男たちに突き上げられ、今回ばかりは殺されるかもしれないというのだ。

「請求書を送ったのは三月ですが、その以前から逐一呼び出され『どうなんだ、払えるんだろ！』と凄まれていたんです。相手は小指がないんですよ。『払えません』なんて言えるわけないですよね。

だから『請求できます』と答えて、なんとかやり過ごしていたんです。それでいざ請求したら、『払えないかも』という手紙が届いた。そんなことしたら爆発するのは当然ですよね。売り上げの水増しはともかく、真面目に営業していた人もいた。営業実態があったことは事実なので、どうにか払えませんか」

ヤクザの対応にほとほと疲れた。この状況から抜け出すために是が非でも払って欲しい、というわけだ。

それでも岩崎が屈することはなかった。ヤクザの名前を出されても払わなかったのである。ある請求書などは、どう見積もっても一つのテキ屋から旦那と嫁とのダブルで請求してきていた。裏で繋がっていて山分けする算段なのではと疑っていたのだ。

鬼気迫る状況を訴えた相談員の風貌も一因だった。ダブルのスーツにリーゼント頭で、岩崎に「この人も一味なのでは」と思わせた。

しかし、相談員はさらなる強硬手段に打って出るのである。

弁護士同席のもと、茨城の相談員チームからの要請で打ち合せの場が設けられたのは数日後のことだ。まず、茨城ではテキ屋など半グレ組織との対応に専門窓口があるとの説明があった。リーダー格の男が言った。

「私たちは命がけなんですよ！」

岩崎を含む東京の賠償係は黙っていた。

「なんとか言ってください！」

弁護士は言った。

「反社会的組織への支払いは容認されるべきではないが……」

この場で決まったのは、警察などには相談しないことだけだった。賠償請求の却下理由にはできないとの弁護士の判断からだ。

直後に東京チームと弁護士だけで会議になった。

「この人たちはヤクザですか？」

議題の焦点は、テキ屋衆の素性だった。

「反社なら払えないのでは？」

「やはり警察のＯＢに照会をかけましょう」

弁護士はこう判断を下した。

「いや、反社であっても、それを理由に払えないことはない」

やはり相談員を抱き込んだヤクザが一枚も二枚も上手だったのだろう。最終的には「払わざるを得ないのでは」と、その場にいた者たちの風向きが変わった。

「もういいよ。払おう」

ＧＭがサジを投げるまであまり時間はかからなかった。

ヤクザからの請求は、なにも茨城だけではなかった。栃木の国立公園脇のテキ屋。代理人を名乗る強面の男が扇動して、被害者の会を結成してその代表になり、半年間で一〇〇〇万円の支払いを求めてきたのだ。

にわかには信じられなかった。確定申告には収受印がないし、売り上げ台帳の筆跡が一気に書き上げたように見受けられるなど水増しの跡がある。

だが、やはりそのテキ屋も一筋縄ではいかない相手だった。

「岩崎さんよ、あんた有明にいるらしいな。会いにいくから必ず出てこいよ」

そう恫喝されるのだった。しかし、なぜ相手は岩崎が有明にいることを知っていたのか。たまらず栃木の相談員に確認すると、ヤクザは相談員を屋台に呼びつけて手なずけるなどの懐柔策を講じていた。呼び出しをするたびに焼き鳥などを食わせていたらしい。相談員曰くその代理人は、五〇過ぎの右翼関係者とのことだ。

「カネじゃねえ！　これは俺たちのメンツの問題だ。ほれ、黙って食え。美味いだろう。並んででも食いたい味だろう。で、その岩崎ってヤツは、東京のどこにいるんだ？」

ヤクザにメンツを口にされれば、相談員は吐くしかない。

岩崎は穏便に済ませるため、いつもの牛歩作戦で新たな申請書類を求めた。だが、代理人も負けてはいない。

「おう、用意してやるから待ってろよ！」

宣言どおり、書類をすぐに用意してくるばかりか、出来栄えもよく、逆に岩崎が追い込まれてしまうのである。

岩崎が振り返る。

「事細かな売り上げ表だったり、ある日のメモ書きまで添付してきて、本当に一〇〇〇万円の売り上げがあったと思わせるほど説得力があった。でも証明はできないが、明らかに後付けで作ったものでした。

唯一、相手を突けるとすれば確定申告書。確定申告は、受理されると収受印が押されます。その日付をエビデンスの一つとして採用していたんですが、それが無かったのです」

突破口が決まれば、あとは代理人を追及するのみだ。まずは税務署に問い合わせて、事実確認に動いた。

税務署の職員は言った。

「いや、収受印は押さない場合もあります」

いきなり予定が狂った。これでは震災後に申請したか否かは見破れない。

しかし岩崎も負けてはいない。実際は申告せずに、申告書をフリーハンドで記入だけして提出してきたと予想し、それを問いただしたのだ。

骨が折れた。「これは震災後に申請しましたよね?」「いや、震災前に申告した」との水掛け論に終わったのだ。ついには栃木の担当者から横槍まで入る始末。

「なんで払ってあげないの。なんで払いたくないの」

仲間であるはずの東電社員が、ヤクザに詰められているとはいえ、担当者を変えろとまで言い出すのは普通のことではない。

その真意を栃木の担当者に尋ねると、申請書の原本をコピーして送ると煙に巻いた。

岩崎の鼻息は荒い。

「それに収受印はありますか？」

「原本には必ず押してあります」

「原本に収受印があれば払いましょう」

ヤクザが諦めたのは、そうして栃木の担当者との話がまとまったすぐのことだった。取り寄せた本丁を開封して偽造のハンコを押すことは想定済み。不正をさせないため、「税務署から書類が届いたら開封せずに転送してください」とお願いすると、「お前、本当に許さないからな！」と暴発したのだ。そこまでお見通しとあれば、ヤクザも逆ギレするしか他に方法はなかったのだろう。決着がついたのだ。

「エレベーターがあって、○階の奥の部屋にいるらしいな。お前、呼び出すから絶対に出てこいよ。絶対に行くからな！」

栃木の担当者が教えたのだろう。そうヤクザから揺さぶりをかけられたが、岩崎が動じるわけもない。

「わかりました。来ても対応はしかねますが」

岩崎は指標を破り、このとき初めて一方的に受話器を置いた。もちろんヤクザが来ることはなかった。

コンビニエンスストアとゴルフ場

「この千葉外房のコンビニについてはＡＤＲの判断を仰ごう」

上司が、仲裁機関に預けると口にした初めてのことだった。投げやりになったのではない。観光地にあるが、観光客と地元客との売り上げが切り分けできないので、地元の売り上げがベースになるコンビニはそうするしかないと言い出したのだ。

岩崎はオーナーに言った。

「私どもでは判断できません」

揉めるのは覚悟の上だ。岩崎は続ける。

「それでもお支払いを希望されるならＡＤＲへご相談ください」

しかし、オーナーはあっさりと引き下がった。

「なんか面倒臭そうだね。だったらいいや」

震災に乗じて、「東電からカネを取ってやろう」と目論んでいたに違いない。

岩崎がクレーマーの存在に気付かされた瞬間だった。命懸けで請求してくる人もいれば、軽い気持ちの人もいる。書類だけでは請求者の想いは読み取れないものだ。


対照的だったのは、群馬のゴルフ場「原田カントリークラブ」だ。

本店からのトップダウンで多額の賠償金が支払われることになった。だが、前取締役はいわくつきの人物だった。ベンチャービジネスの寵児と呼ばれ、会社清算を得意にしていたという。

「手強そうだな……」

岩崎は、そう察知しながら審査を進めていた。前取締役がこれなら先が思いやられる、と。

案の定だった。ゴルフ場からの請求は、観光地に認定した地域だけを対象とする取り決めがあった。さらに組合に加盟していることも条件だ。

そんななか非加盟の原田カントリークラブは、弁護士を従えいきなり本店に現れたのだ。法律を盾に賠償金を勝ち取る交渉人だったのだろう。本店の賠償係が取り込まれるのも時間の問題だった。

政治的な対応はするが計算はできない本店の賠償係の助っ人として、岩崎が急遽応接室に呼ばれたのは、弁護士が売上賠償を認めさせ、さらに除染費用の負担や従業員の休業補償などの支払いの言質も取った後のことだ。既に本店主導は揺るがない状況だった。

原田カントリークラブの担当者は言う。

「除染は本店と話がついている。賠償はスムーズにやってくれ」

本店の賠償係も同調した。

「それでお願いします」

過去にはゴルフ場は「そもそも観光業ではないのでは」との見解もあったし、まず「観光地かどうか」の線引きがあり、観光地と認定されて初めて審査するという縛りだったはずだ。だが岩崎の目には、ごちゃごちゃ言わずに払えと凄まれているように映った。

岩崎は本店の意向を突きつけられたことで、争う気力を失った。結果として、売り上げの減少分として異例な高額賠償、三ヶ月で三〇〇〇万円が支払われることになった。

それでも原田カントリークラブ側は「物足りない」くらいの膨れっ面をしていた。

以降も請求され続けそして、東電も右から左へと払ったのである。

アルペン観光グループ

観光地の観光業でありながら、数回に亘り追加資料を求めるなど審査が難航したのは、アルペン観光グループだった。観光業が主な事業である。

当初こそ、岩崎は通せると踏んでいた。だが、その根拠の売上が内部売上で、賠償の請求資格である中小企業の要件（資本金一億円以下。一〇〇％子会社はＮＧ）を満たしていない恐れがあることから、踏みとどまらざるを得なくなったのである。

審査ができない理由は他にもあった。事業者の所在地が山梨県河口湖、すなわち賠償区域外だったのだ。

岩崎は言う。

「アルペン観光グループは、配下のスキー場などは福島県内にあったため対象だったものの、それ以外の観光施設についても、『とりあえず出しとけ』みたいなノリで申請したのでしょう」

アルペン観光からは、他にもグループが経営する遊園地、キャンプ場、宿泊施設などから請求書が届いた。しかし、それらの施設は静岡と山梨にあったため、端から算定ができない請求書だったのだ。

すると突然、東京電力山梨支店・支店長付きを名乗る社員から探りの電話がきた。

「賠償が難しいらしいですね。どうなってるんですか？」

社内の人間ではあるが、他部門のため情報開示に一抹の不安を覚えながらも、岩崎は答えた。

「払える方法はあるかもしれません。でも賠償区域外なので現状は止めています」

電話を切ると、またすぐに連絡があった。今度は山梨支店の賠償担当（※山梨は拠点がなく支店の総務グループ）からだ。

「アルペン観光さんは山梨支店の一番の上客です。なので、恐縮ですがなんとか対応してもらえませんか？」

山梨支店に肩入れしたわけではなかったし、アルペン観光への同情もなかった。「迅速なお支払い」の指針にならい、とりあえず前に進むしかない。

しばし間を置いて岩崎は頷いた。

「分かりました。それでは払える方法を考えてみます」

岩崎が経験則から編み出したのは、集客人数をキャンセル扱いにした枠組みだった。

アルペン観光が経営する遊園地の場合、当初の売り上げ減の試算ではなく、実際のキャンセル数から算定するのだ。それに福島県内のスキー場は賠償区域にある。グループ全体で見れば、正当な理由になる。

そんななか予想だにしないことが起きた。

「これ、完全子会社じゃないか？」

翌日、福島のスキー場を精査していた岩崎は、売り上げの還流を発見した。アルペン観光グループは一部上場企業だったので、インターネット検索すると決算書が丸裸。売り上げを「委託費」扱いにしているようなのだ。

岩崎の見立ては間違っていないとばかりに、会計士は言う。

「これは純粋な売り上げとは言えないので、厳しい」

それを受けた会計士が確認すると、売り上げではなく委託のロイヤリティが還流していたのである。

その結果を持って、岩崎はすぐに上司に相談した。上司は困惑しているようだった。一日、また一日と経っても、上から却下の司令はない——。

お得意様であったとしても、ダメなものはダメなはずなのに。岩崎の思惑に反して時間だけが過ぎていった。

一連の経緯が山梨の耳に届いたのは少ししてからだった。業を煮やした山梨の圧力に、ついに補償運営センター長が屈したのだ。

補償運営センター長は断言した。

「山梨支店長にアルペン観光本社の専務から直々に相談があった。山梨支店にとってアルペン観光グループは最重要顧客になっている」

そして、今度は岩崎を諭すようにこう言った。

「捏造しろとは言わないが、もう一度払う理由を考えてくれないか」

「あっ、はい……」

同席した、味方のはずだった会計士が「実際はロイヤリティだが、そうでないロジックを考えます」と返答したことで、よほどの事態だと感じ、空返事でせめてもの抵抗を見せるしかなかった。

また同席した、ついこの前まで迷っているようだった上司も、「特命案件として対応するように」と強硬姿勢をとった。

「アルペン観光グループ本社の専務に連絡をとると山梨県や静岡県などからも遊戯施設の賠償請求を出しているので、そちらも併せて見てほしいとのことだ」

岩崎は、デロイトと会計士とで深夜まで打ち合わせをした。そして無理筋で支払いロジックを検討し、なんとか体裁を整えて払ったのである。

岩崎は言う。

「無理筋というのは、もう解釈の問題。売り上げとして出してきた台帳は、噛み砕けば親会社に対する上納金のような位置付け。観光客からの売り上げではないのはもちろん、そもそも震災で外国人観光客が減って売り上げが下がったことに対する賠償が前提なのに、それを数字として出せていなかったのです。

つまり、そうであっても、そう見なすというロジック。外国人観光客と、それ以外の観光客を一緒にして、内部売り上げも実際の売り上げにしました」

そのロジックは、外国人観光客を名簿などから確認しキャンセル台帳との差額を賠償する立て付けのため、立証が容易な観光ホテルを想定して作られた。本来は立証が出来なければ支払えないところ、デロイトが対象地域における外国人客の減少の可能性と総入場客数の減少の相関性を数値化し、請求者がアミューズメント施設であることを理由に支払いを容認する所見を作成したのだ。

それは岩崎が巨大組織の事なかれ主義を目の当たりにした瞬間だった。定型的な請求書の支払いを標榜する賠償係が担当するにはそぐわないが、既に支払いありきで動いており、体外的に説明がつく資料が整ったことで完結。それまで他の賠償請求書は幾度となく所長副所長の承認の壁に阻まれてやり直しを命じられていたのにも関わらず。

「最後に残ったスキー場は、福島県内にあるため問題なく手続き出来ると踏んでいた。でも、請求金額が三〇〇〇万円を超えていたので会計士の所見が必要になりました。すると、子会社が経営していて、決算書上は問題ないが、一部上場のアルペン観光が公開している連結決算書と売り上げが合わないとの指摘があったのです。

どうも、売り上げの数値はあるものの、子会社へ入った売り上げは一旦アルペン観光本社に入り、その後手数料を引いて委託料として子会社に支払われるため数字が乖離してしまっていたようでした。

会計士と弁護士の見立てでは、間接被害にあたるため支払えないとのことでした。それで、別途本社からＡＤＲに回す案件ではないかとなりました。

その旨をＧＭを通して所長に一報として伝え、アルペン観光側にも伝えました。しかし、どうやらこれが本丸らしく、何が何でも支払ってほしいとの要望が山梨支店経由で所長に入った。

再び会計士やデロイトと打ち合わせを重ね、支払いの循環システムはあるものの被害元は子会社であり、本社売上（手数料）については今後は別途請求しないという誓約を取り、こちらが草稿を用意した申し出書と、売り上げに相違があった子会社の売り上げ一覧（修正後）を提出してもらい、どうにか会計士の所見との辻褄をあわせることができました。

途中からロジックが単なる数字合わせに終始したり、賠償する側とされる側が二人三脚になるという笑えない状況になりましたが、上司からねぎらいの言葉をもらったので、結構なカタルシスがあったことを覚えています。

アルペン観光グループの担当者からは感謝され、『もしアルペン観光の施設を使うときはひとこと言ってくださいね』と言われましたが当然、利用する気にはなれませんでした」

考えられないことだが、スキー場には一億五〇〇〇万円ほどが流れ、他の施設についても、それぞれ一〇〇〇万円ほどが払われたのである。

しかし岩崎が、この一件から所長などから見初められ、複雑な案件がある度にお呼びがかかるようになるとは、なんとも皮肉なことだ。

新潟の宿泊施設と地方新聞

あってはならないことだが、その後も本店主導の賠償支払いは続く。新潟にあった宿泊施設だ。新潟のため、もちろん賠償請求対象外だが、ある事情により一部地域の施設に限り賠償することになった。

岩崎は語る。

「新潟には柏崎刈羽原発があります。しかも要求があったのは川沿いの施設だった。そして震災により、『河川を通じて汚染物質が流入している』という報道を受けて、『私たちも被害を被っている』と主張してきた。

『どうにか払えないか?』

新潟の宿泊施設の作戦は、柏崎刈羽原発との兼ね合いで、柏崎にある賠償センターと共同して賠償ロジックを作成したことでした。私は新潟に出張して賠償説明会を開催しましたが、このご時世、柏崎原発を引き合いに出して責められるとやはり下手に出ざるを得ないようでした」

一年弱と短い期間だったが結果、数百万単位のカネを払った。語弊があるかもしれないが、まさにゴネ勝ち。青森の六ヶ所村にも原発廃棄物の中間貯蔵施設があり、その地域の観光業も東電は賠償した。そうした原発の立地地域からの請求には強く言えないのだ。

その後もトップダウンによる支払いは続いた。

ある日、こんな一通の封書が届いた。

「福島のA新聞社は、震災前の売上に押し紙を入れて賠償請求しています。もちろん震災後は押し紙を売上にいれていません。詐欺なので払わないでください」

A新聞社は新聞を、実際には配っていないのに印刷し、配ったことにする「押し紙」を売り上げに計上しているという告発だった。差出人の素性は記されていないが、内部の人間であることは明らかだった。地元で起きた原発事故に乗じて、地元の新聞が不正を働いていることに黙ってられないという内容だったのだ。

その証拠を掴むため、岩崎は記載されていたメールでやり取りするが、二、三度往復したところで連絡がつかなくなってしまった。差出人の動きが、社内でバレてしまったのだろうか。

実際の賠償額は分からない。しかし請求額は、岩崎が担当した半年分で約八〇〇〇万円だった。もちろんA新聞社も賠償金を手にした。単純計算でも年間で、一億六〇〇〇万円が支払われたのではないだろうか。

こうして岩崎が担当した請求書は、二〇〇〇件。総額は二五〇億円を優に超えているそうだ。ここに、岩崎の記憶を頼りに、その他の印象に残った事例を列挙したい。いかに多くの詐欺師たちが賠償金に群がったかが窺い知れる。

■日光のペンション

震災前からペンションの営業をしていたと主張し、予約台帳やキャンセルの手紙などを提出してきた。東電本体で電気の契約を調査したところ、契約を解除していたが震災後に契約を再開していたことが発覚した。

虚偽と判断し却下の電話をすると、「なんと言われても諦めないからね」と電話を切られ、数ヶ月後、ＡＤＲ担当者から問い合わせがあった。却下の理由を説明するとＡＤＲも支払いを拒否した。

■学習塾

福島県内の学習塾の売上減少問題。代表者が豪華な海外旅行を楽しんでいたことがブログで判明。調べると高級車も所有していた。既に別会社で賠償を受けていて、ならばと学習塾も請求してきたようだ。現地調査をすると、震災前から事業を縮小していたことが判明。そのことを追及すると、請求書を取下げた。

他にも、ニセの予約票を提示した観光バス会社、家賃収入を水増しするために賃貸契約書を偽造したアパート経営者など、挙げればきりがない。

ここから浮かび上がるのは、賠償にかこつけてカネを無心する、未曾有の震災の暗部だ。

東電からの賠償金により、風評被害を受けた企業が赤字から黒字へと転換するケースが出たのは、そんなときだった。

震災後に黒字転換した鴨川グランドホテル

風評被害に対する賠償が進むにつれて、賠償金を特別利益として業績見通しに計上する企業が明るみに出たのは、鴨川グランドホテルが初だった。

鴨川グランドホテルは、売り上げから固定費と変動費を引いた貢献利益率について、定率六〇％ではなく六八％まで上乗せした異例の算定を求めてきた。材料費や部品類を主とする変動費についても、リネン（シーツなど）を洗濯する費用を認めて欲しい。そして、それが認められると、それならロビーや客室に飾る花代もといった具合に、請求者の支配人はかなり高圧的な態度でアレもコレもと際限なく要求してきたのである。

賠償対象地域であり観光業のため、岩崎は拒否することもできず要求を飲み続けた。

総額三億円――。

岩崎が算出すると、稀にみる高額賠償になった。

たまたま岩崎は、それをネットのニュースで知った。その鴨川グランドホテルの決算が、震災後に赤字から黒字に転換したというのである。

「Ｊ－ＣＡＳＴニュース」は、次のような記事を掲載している。

■東電賠償金で業績上方修正相次ぐ　鴨川グランドホテルは黒字転換
東電から受け取った賠償金の額を特別利益として計上するケースが相次いでいる。例えばジャスダック上場の鴨川グランドホテルは一二年二月二一日、一二年三月期の最終損益（単独ベース）の見通しを、二億四〇〇〇万円の赤字から六五〇〇万円の黒字に上方修正すると発表した。同日付で、東電から支払われる賠償額が三億五〇〇〇万円に確定したため、その分を特別利益として計上した。なお、震災前の期間が大半を占める一〇年三月期の最終損益は二億一九〇〇万円の赤字。今回の上方修正で黒字転換を果たした形だ。なお、今回確定した賠償額は一一年三月一一日～一一月三〇日を対象としたもので、今後も賠償が行われる。

（「J-CASTニュース」二〇一二年二月二二日）

記事によると、二月七日時点で損害賠償の請求があったのは個人と法人合わせて約八万六五〇〇件で、そのうち賠償に至ったのが約四万五九〇〇件。賠償金の支払いは一一年一〇月に始まっており、仮払いを含めると総額約三七〇五億円にのぼったという。報じられていたのは鴨川グランドホテルだけだったが、他にもそうした企業はあったのだろう。

報道に間違いはないのか。

三億円を払ってしまった張本人である岩崎は語る。

「私は数字を知っています。それで引き算をしてみると、ちょうど賠償した三億円分が黒字になっていた。記事にもあったように、もちろん賠償はその後も続きました。風評被害かどうか、水増しかどうかは別として、その支配人の頑張り一つで補填は続くのです。

もっとも、震災から月日が経てば年々、売り上げは上がっていく。三億円の補填額はどんどん平たくなり、最終的にはゼロになるんだろうけど、本来の売り上げを超えて黒字化するのは如何なものか」

賠償金で黒字化したわけだから、そこには何らかの不正があったことが疑われるだろう。

その一方で、岩崎は月日が流れ数多の請求書に目を通すうちに、いくら風評被害といっても一括りにはできないと思うようになっていた。そのきっかけになる「小島夫妻」に出会うのは、鴨川グランドホテルの黒字化を知った三日後のことだ。

新白河の小島夫妻

その小島夫妻は、避難区域外の福島県・新白河の山林で、切り株や山菜を収穫していた。妻は山菜を、夫は形が面白い切り株を見繕い、綺麗にレストアしてそれぞれインターネットで販売していたのである。

夫妻はそれぞれが個人事業主だった。したがって請求書も個々に送られてきた。しかし夫の確定申告は二年前のものしかなく、震災前年の事業活動の証明ができない。また原発事故の影響での売上減少の証明もできなかった。そして震災時の売り上げはゼロだった。

「すでに休業しているのではありませんか?」

「いいや、休業はしてないんですね」

休業していたら当然、賠償の対象ではない。風評被害は、あくまで営業損益を補填するものだ。当然、岩崎は、「支払いができない」と突き放した。すると夫は事業の実態について、電話で岩崎に「絶対払えるはずだ」と三時間にもわたり熱く語った。

その熱意は、岩崎の胸を打った。

岩崎が日記やネット販売の口コミ画面コピー、入山料の領収証、原発事故後の日々の線量記録などの追加書類が提出されたことで支払いを認めたのは、すでに夫の気迫に根負けしていたためだろう。そして夫は財政難から賠償金の早期の支払いを求めた。しかし支払いは実務上、どうしても二週間ほど有してしまうのだ。

こうしたなか、夫は岩崎に対して悲痛な声で叫んだ。

「それじゃあ死んじゃうっつうの!」

前年の売り上げ無しから震災を経て、家計は食うにも困るほどだったのである。

岩崎は他方に手を回して時間の短縮をはかり、なんとか夫婦が求める振込期日に間に合わせた。他グループで却下されていた妻も同様に救済した。支払いは三ヶ月に一度、六〇万円ほどだ。

小島夫妻からお礼のメールが届いたのは、一回目の支払いが終わった直後のことだった。

〈このままでは死ぬしかない。東電に殺されると思っていたが、そんななかにも弱者の味方になってくれる人がいた。岩崎さん、あなたは私たち夫婦にとって神様です〉

こうして被災者に感謝されることなど初めてだった。そして一つ一つの事例に対し、払うべきものだけ払う、ということを強く心に誓った。

小島夫妻からの請求書はその後、定期的に届くが、夫は担当者に書類の不備を追及されるたびに、岩崎に相談するようになった。岩崎は実情を担当者に説明するなどして手助けをした。それぱかりか福島の相談窓口に行くように促すなど、力技的なアドバイスもした。定期的な支払いレールには乗っていたが、そのつど現状を精査するというルールがあるため、他の担当者に請求書が届くと、審査のやり直しになりどうしても滞ってしまっていたためだ。

それでも支払いが先送りになってしまった場合は、個人的にカネを貸した。岩崎は、わざわざ夫婦が暮らす自宅の最寄駅まで届けたのだ。

正直なところ、夫妻に肩入れをしすぎたというのもある。賠償金で返済されたとはいえ、個人的にカネを貸すなど許されることではない。多少の後悔は言うまでもない。

しかし小島夫妻の切実なケースから、岩崎はもどかしい思いを抱くようになった。

それは、払うべきものでもいまの枠組みでは救えない場合があることだ。だが、視点を変えれば払えることが分かった。賠償は、走りながらロジックを決めている側面があるので、岩崎は「見捨てずに救えるものは、救いたい」と強く思うようになった。

かといって、そのロジックを悪用する詐欺師がいることも事実で、審査は疑ってかかることを前提としなければならない。被害者に寄り添い、なんとか救いたいと感情移入してしまう一方、悪代官的な思考で不正を暴こうという意識も芽生えたのだ。

岩崎がこのときの心情を語る。

「送られてくる請求書に対して、端から却下するのも違うし、寄り添い過ぎるのも良くない。審査を通せば、もちろん私の腹は痛まないし、社内評価にもつながるが、この頃は何でもかんでも通していては上司も喜ばなかったので、その加減が丁度よくて評価されたのだと思います。

本当の被害者の請求はスムーズに処理しつつ、不正が疑われるものについては厳しく追及する。それを同時進行でこなし、会社が望む審査スピードを滞らせることはありませんでした。また被害者であることは間違いないが、書類の乏しさを理由に払えない難しい案件でも、何とか理由づけをして払えるよう審査を通していました」

その清濁併せ飲むスピード感が評価された。機械的に審査を通すだけの同僚たちとは違ったのだ。罵倒を恐れて架電をしたがらない同僚たち。そのなかで、岩崎は会社に貢献しようと思い、積極的に受話器を取ろうと決意したのは、もう随分前のことだ。

「電話するなんてすごいね」

そんな周囲の言葉に、岩崎はひとり、勝手に盛り上がってしまったのは言うまでもない。反骨精神から始まり、ついにはエリート意識が持てるまでになったのだから。

〈自分はみんなが嫌がる仕事をしているんだ。嗚呼、高卒の自分を会社が必要としてくれている〉

幸い、岩崎に架電の抵抗はなかった。そもそも愛社精神から賠償係に志願したのだから当然だ。

そうして前のめりになっていた岩崎に、お誂え向きの辞令が出たのは八月、暑い夏の日だった。

〈辞令　岩崎、四二歳。渉外調査グループに異動を命ずる〉

これにより岩崎は捜査官として、賠償詐欺を暴く側に回ることになるのである。

第五章　賠償詐欺捜査官

業務推進グループ

賠償詐欺捜査班である「渉外調査グループ」の前身が「業務推進グループ」内に立ち上がったのは、震災から二年が過ぎた二〇一三年三月のことだ。

所長がいる、賠償係の中枢フロアの一角。岩崎は第九グループがあった二〇階から一四階へと移動し、その立ち上げから関わることになった。

ＧＭは言った。

「岩崎くん、頼むよ」

異例の大抜擢だった。業務推進グループのＧＭは説明した。不正請求と思われる請求書の増加を本部は、以前から把握していたが、一歩間違えば被災者感情を逆撫でしかねず、対応が後手後手になっていた。そんななか、後述する会津若松の一件などで被害額を取り戻せた功績は大きく、原賠機構も評価してくれている。その後の渉外調査グループが立ち上がることは構想が固まっていて、それまでのパイロット版的な部署だと。

「その実質的な旗振りをして道筋をつけてくれないか」

気が短く切れ者で通るＧＭから直々に依頼されたのだ。

岩崎は湧き上がる気持ちをぐっと堪え、静かに心の中でガッツポーズを作った。その話が本当なら、この賠償係での仕事は行き着くところまで来た。我武者羅に働き満たされていた承認欲求がピークに達したのだ。

給料は賠償係になった頃と変わっていなかった。だが、震災の影響により、未だ三割カットが続いていたので、本来なら六五〇万円ほど支給されていたことになる。

だから料金グループで燻っている連中からしてみれば、給与はともかく岩崎は目覚ましいほどの活躍なのである。上を見ればきりがないが、少なくとも高卒の出世組に追いついていた。カネだけではない。業務の裁量も段違いだ。何でもやらせてくれてそして、任せてくれる。逆さまになっても追いつかない大卒エリートたちにも任せられない仕事を一手に引き受けることになったのだ。

岩崎は語る。

「このころ私は複雑な案件について各チームの面々から相談を受ける立場になりました。弁護士による判断を促したり、収受印の確認ができる確定申告書の原本の取り寄せ方法など、第九グループで培った知識を応用し、追加書類を積み重ねて審査する手法をアドバイスする。

つまり業務推進グループは、私が産業補償受付第九グループで培ったものを教える部署でした。これまではそれがありませんでした。各グループでそれぞれやっていたことでした。

各グループから上がってきた疑惑の申請書で、不正が色濃いものは、一旦棚上げして業務推進グループで引き継ぐことになりました。マークしたものをリスト化し、そのなかから優先順位をつけて。担当者が怪しいと相談を持ちかける申請書には経験上、『おやっ？』と引っかかることがある。どこかで見たような体裁だったりするのです。でも、ただ怪しいというだけでは却下する合理性はない。もちろん独自に調査する案件があり、他人の請求書に構っている余裕もありません。だからこれまでのように、追加書類を求めて支払いを引き延ばす位しかできなかった。そもそも私には却下する権限はありません。またそれは会社からも求められていなかったのです」

やる気に満ちていた岩崎としては、肩透かしを食わされたように感じた。だが、それでも岩崎は結果を出すのである。

会津若松の詐欺テナント

業務推進グループへの異動は、会津若松の詐欺案件がきっかけだった。前部署のころから独自で調べていた不正疑惑が、ここにきて警察の目に留まり捜査が始まり、ついには事件化。会津若松市内の飲食店やエステ店が、原発事故の風評被害を装い四三〇〇万円を詐取したとして、一挙に計七人の大捕物になったのだ。

岩崎が担当したこの会津若松の一件は、初の賠償詐欺事件としてマスコミに大きく取り上げられた。何千、何万と社員がいる東電のなかで岩崎が、これまで闇に葬られていた不正を暴いてみせたのである。

この事実を岩崎は福島県警から知らされた。報道されたのは九月二〇日、岩崎が業務推進グループに移ってから五ヶ月後のことだった。

既に一部を記してはいるが、重要な記述のため再録したい。

■四三〇〇万円詐取容疑七人逮捕　原発事故賠償、風評被害装い

会津若松署と県警本部の捜査二課、組織犯罪対策課は一九日、東京電力福島第一原発事故による風評被害で営業損失が出たと東電に虚偽の申請をし、賠償金をだまし取ったとして、詐欺の疑いで会津若松市などの男女計七人を逮捕した。だまし取った賠償金は総額約四三〇〇万円に上る。県警によると、原発事故に伴う風評被害の賠償制度を悪用した詐欺容疑事件の摘発は全国で初めて。

逮捕された容疑者は会津若松市宮町一〇ノ三六、会社役員鈴木治夫（四五）、千葉県船橋市、土木作業員坂本勇（四四）、会津若松市扇町八四ノ六、無職山田真由美（三二）、同市川原町三ノ二三、土木作業員渡部勝広（四三）、会津美里町氷玉字福永丙一五〇五、無職結城梢（二四）、南会津町丹藤字前川原六六七ノ一、障害者福祉施設職員、室井みゆき（三〇）、会津若松市宮町一〇ノ三六、無職鈴木あゆみ（三〇）の七人で、鈴木治夫容疑者とあゆみ容疑者は夫婦。（以下略）
（「福島民報」二〇一三年九月二〇日）

原発事故による賠償金を巡っては、これまで世間的には被災者が詐欺を働くなどとは、その概念すらなかった。だが岩崎は警察に捜査協力することで、これから続々と事件化するパンドラの箱を開けてみせたのだ。

これが原発事故による賠償詐欺という特異な現象を炙り出す発端となる。その経緯については岩崎に振り返ってもらおう。

「不正は許さないという姿勢が浸透し、これまで疑惑があれば『審査は一旦、ペンディングするように』と指示が飛び交っていたものが、四月以降はなし崩しになっていました。あまりにも多すぎる怪しい申請書が、保留の連発で滞留のピークに達していたのです。

上としては、機構の顔色を気にして指針を守りたい一心だったんでしょう。ロクに精査もせず審査を通すようになっていた。

鈴木治夫らが七人の申請書は、運よくこのとき通過して支払われたんでしょう。賠償係は上の指示に従っただけで、彼らが責められる筋合いはないのかもしれません。

でも、そのうち一つを担当していた私はずっと痼（しこ）りが残っていた。やはりあの申請書はマズいのではと。

単なる懸念でなかったことは、それからしばらくして分かりました。会津若松のテナントからの請求書を賠償システムで住所検索したところ、奇妙な一致が連続したのです。被害概況を書いた文章の内容がほぼ同じ。売り上げ台帳の形式も似ている。しかも確定申告書の写しにある収受印の日付が請求書提出日とほぼ同日の震災後の日付けなんて不自然だ。これ、誰かに指南されて右へ倣えして書いたんじゃないのか。

この奇妙な一致が切っ掛けとなりました。インターネットで調べると、いくら検索しても営業実績を示す記録はない。しかし現地の東電社員に現場を見に行くようにと指示すると、実態があるかのような報告が上がってくる。ならばと追加でテナントの賃貸契約書を求めても不備は見当たらない。

限りなくクロに近いグレーだが支払わざるを得ないと思いました。いったん踏みとどまり、今度は会津若松全域で調べてみると、同様の類似点がある別の地番の請求書がいくつもあった。明らかに不自然だ。申請者が違うのだから、中身がこれほど似通うはずがない。なかには既に支払われてしまったものもありました。このテナントも半数近くが賠償済みだったのです。

〈――これは絶対に見過ごすわけにはいかない〉

半ば虚偽を確信し、そう強く決心した矢先、打ってつけの請求書が舞い込みました。テナントの、ビルのオーナーが家賃分の賠償を求めてきたのです。

オーナーからの請求書は、私の担当ではなかったが、上司に掛け合ったところ、引き取ることが許された。家賃請求は、厳密には風評被害ではなく間接被害。そのため賠償は、本来ならＡＤＲ案件でした。そのルールは、弁護士との相談を絡めてオーナーに被害状況を詳しく聞くことで支払いを検討する、という方法でクリアにしました。

読みは当たっていた。家賃収入の一覧に記されたテナントの屋号と、テナントがいう屋号が一致しなかったのです。思わず、二度見した。それから何度も見返したが、間違いはない。その勢いのまま受話器を取りました。

『テナント名がこちらの情報と一致しません』

思わず強い口調になってしまっていた。

『おい、俺を疑っているのか！』

いきなりオーナーは怒った。自分が疑われているのかと勘違いしたのでしょう。

『いや、そうではありません』

全力でこちらの意図を伝えた。そして、直接会って事実確認することが許された。しばらくして疑ってはいないことが分かり軟化したんです。

オーナーが差し出した賃貸契約書の原本は、違う契約者名と契約期間だった。テナントが出してきた契約書類は偽造されたものだった。

『俺の知らないところで……』

双方の突き合わせによりそれが分かったオーナーは、書類を持つ手を震わせながら、顔を真っ赤にして静かに憤った。

『刑事告訴するなら協力する』

今度は荒々しい。自分が詐欺の片棒を担いだようで腹立たしかったようです。

私は、この結果を持って当該ビルのテナントが出してきた請求をストップしました。残るは支払済の案件をどうするかです。その足で関係部署と警察ＯＢに直訴しました。何としても尻尾を捕まえてやると思って」

この日から三ヶ月が経ち、渉外調査グループの立ち上げが目前に迫っていた頃、警察はついに容疑者たちを逮捕した。

前出の新聞報道の続きである。

捜査二課などの調べでは、鈴木治夫容疑者ら七人は会津若松市内で飲食店やエステ店などを営んでいなかったにもかかわらず、原発事故で売り上げが減少したと偽って東電に賠償を請求し、それぞれ約三六〇万～約八七〇万円の賠償金をだまし取った疑い。七人は個別に東電に賠償請求し、昨年一〇月中旬までに鈴木治夫容疑者は約八七〇万円、坂本容疑者は約五二〇万円、山田容疑者は約八六〇万円、渡部容疑者は約三六〇万円、結城容疑者は約八二〇万円、室井、鈴木あゆみ両容疑者は共謀し、知人の名前を使って約八七〇万円を不正に得たとしている。同課は七人の認否を明らかにしていない。

同課によると、賠償金が支払われた昨年一一月に東電から申請内容や営業実態に不審な点があるとの相談があり、六月ごろに告訴を受け捜査していた。

捜査関係者によると、七人は共犯関係にあった上、東電のチェックを欺くため役割を分担していた可能性もあるという。背後に暴力団などの組織が介在していたとみて調べている。県警は鈴木治夫容疑者を長崎県内で逮捕し、本県に移送した。

（「福島民報」二〇一三年九月二〇日）

岩崎の洞察どおり、記事は七つのテナントが共犯関係にあったことを伝えた。どころか、ある者は手口の指南、またある者は書類の偽造と、それぞれが役割分担して賠償係を騙していた可能性もあるという。

その裏では、警察による綿密な捜査があったに違いない。性善説を覆してのこと、被災者からのバッシングを恐れ、慎重を期したはずだ。

ともあれ岩崎の努力は実を結んだのだ。

鶯谷のデリヘル

会津若松のテナント群が逮捕された同時期、岩崎はもう一つの疑惑を追っていた。福島の派遣コンパニオン業者（＝デリバリーヘルス。※以下、デリヘル）の虚偽請求である。

そのきっかけとなる請求書がデリヘル経営者・浅野博由から届いたのは、まだ岩崎が第九グループの賠償係だった、二〇一二年五月のことだ。

ある日、岩崎は年配の男性社員から話しかけられた。

「やっぱりあり得ないのかなぁ。どう思う？」

GMから難しい案件を任されるようになっていた岩崎に、チームを越えて相談したのだ。

請求者は、東京在住だが事業所を福島に置くデリヘル経営者。個人事業主からの八〇〇万円ほどの請求だった。個人事業主の場合は原則、住民票が震災時に福島にないと請求を認めないとしていた。しかし事業所が福島にある場合はその限りではなかった。その場合はデロイトの会計士に相談する必要があり、手順を踏むと会計士は業務日報など売上が詳しく分かる資料を求めるようにアドバイスした。

そのデリヘルは、確定申告書の控えや月別収支内訳書などを添付し、書類自体は完璧に揃えてきた。男性社員は手筈どおり請求者に売上票の提出を依頼すると、まるで堂に入ったような対応をしてきたのだ。だが、売り上げ台帳には明らかな偽装の跡があった。手書きで日々出勤した女性の源氏名を書き留めてあった上、在籍わずか三人の小規模店にも関わらず、一人あたり一日五本の接客数。それが平日も土日も毎日、続いていたとあったのだ。

〈明らかに多すぎる……〉

そう直感した岩崎は笑いながら言った。

「これ、作って（水増しして）ますよね」

年配の男性社員も不服そうに呟く。

「やっぱりあり得ないよね。でも、ホームページやチラシもあるから断る理由が無いんだよね」

岩崎がインターネットで調べると、大手の匿名掲示板に「どブスが来た」などの書き込みが少数あっただけで、評判は良くない。多数の称賛の声が載る繁盛店との違いは明らかだ。却下の方向でさらに追加書類を要請すると、意外にも浅野はしばらくして請求を取り下げた。

だが、そうして一度は却下できたものの、その後に浅野は知人数名の名義を使って賠償請求を続けていた。賠償係たちは不覚にもそれが浅野の仕業だとは見抜けなかった。また、それは全部を見ていたわけではないので岩崎とて同じだった。まだこのときは浅野が指南した請求書の数はそれほど多くはなかったが、難なく審査を通ってしまっていたのだ。

それが浅野の常套手段だと岩崎が気づいたのは、デリヘルからの請求書が増加した八月後半に入ってからだった。なぜデリヘルばかりなのか。しかも福島の……。岩崎は一計を案じ、パソコンで地域検索して一連の請求を抽出してみることにした。

請求書を見比べてみて、ハタと気づいた。請求者の名前は違うが、どれも浅野と似た手口ではないかと。岩崎は売り上げの偽装を発見し、すぐに支払い停止の手続きをした。だが、支払われてしまったものが複数件あった。合計すると、その金額は二四〇〇万円にもなっていた。

　虚偽請求が疑われるうえ、賠償が高額だったため、岩崎は業務総括グループに相談することにした。すると、同様の案件が他のグループからも多く報告されていることを知り、東電が雇用する警察ＯＢからのアドバイスで警察に相談することになった。

　そのデリヘルは本社所在地が東京・鶯谷だった。鶯谷といえば、デリヘルのメッカである。それで福島県警と同時に、所轄の下谷警察署とも協議した。福島県警は岩崎が、下谷警察は業務総括グループの担当だ。

　福島県警はすぐに捜査本部を設置した。証拠書類が揃っていたため、事件化を見据えて本腰を入れて捜査を始めたのだ。


　しばらくした後、捜査が進んだところで、登記簿謄本を見せながら福島県警の刑事は言った。

「鈴木治夫を覚えてるか？」

　忘れるはずはなかった。いままさに虚偽請求を疑っている、会津若松のテナント群の首謀者だ。

「もちろんです。また鈴木治夫が？」

「そう、かなりの確率で。他にもありそうだから請求書を調べて欲しい」

　どうやらこの男が一連の指南役らしい。

　依頼を受けて岩崎が調べると、確かに会津若松のテナント事件と同様の手口だと思われる請求書が他にもあった。また、それは一つではなかった。それらをリスト化して刑事に渡すと、刑事はさらに気合を入れて言った。

「現地の不動産屋への聞き取りなどは、被害届を出すまでは東電側でして欲しい」

岩崎が警察の情報を元に現地に赴き、鈴木治夫が契約するスナックの賃貸契約書を不動産業者に確認すると、そのコピーを手渡された。警察の指示通りに証言をしてもらえるかと尋ねたところ、不動産業者は「地元のことなので身の危険を感じる。関わりたくない」と拒否した。だが、コピーには間違いなく鈴木治夫の名前が踊っていた。

〈間違いない――〉

証拠が揃った後、岩崎は被害届を出した。それと同時に、指紋の採取のため、容疑者たちの請求書の原本も求められた。いったい、どれだけ鈴木治夫が関わっているのか。ヒイ、フウ、ミイ……その数は五〇通を超えた。

浅野が逮捕された一報が届いたのは、それから九ヶ月後のことだ。朝日新聞の記事である。

■風評被害装い申請、東電から賠償金詐取　二容疑者逮捕

東京電力福島第一原発事故による風評被害で人材派遣業の売り上げが落ち込んだとうそをつき、東電から賠償金を詐取したとして、警視庁は二日、アルバイト浅野博由容疑者（四四）＝横浜市神奈川区三ツ沢上町＝ら男二人を詐欺容疑で逮捕し、発表した。二人とも容疑を認めているという。

組織犯罪対策三課によると、浅野容疑者らは二〇一二年六月下旬、東電に対し「福島県でコンパニオン派遣業をしているが、第一原発事故以降、売り上げが減っている」という虚偽の内容で損害賠償を請求。約四〇〇万円をだまし取った疑いがある。実際は派遣業そのものが架空だったという。同課は、浅野容疑者らのグループが同じ手口で計約二四〇〇万円を詐取したとみている。

（「朝日新聞」二〇一四年六月二一日）

この事件での逮捕者は浅野博由ら男二人のみだったが、多くの詐欺で鈴木治夫が指南役として関わっていたことは、その後も摘発が続き、そのつど彼の名前が挙がったり、関係者が再逮捕されたり、また手口が似通っている事件が多いことでも明らかだろう。

以下、類似と思われる摘発事例を列挙したい。

■東電賠償金詐欺　逮捕者九人　制度悪用　新たに二容疑者＝福島

東京電力福島第一原発事故による風評被害の賠償制度を悪用した詐欺事件で、県警捜査2課と会津若松署などは二一日、新たに福島市丸子、無職東城幸一（五四）、同市渡利、同小野浩幸（五一）の両容疑者を詐欺の疑いで逮捕したと発表した。

これで事件の逮捕者は計九人となった。県警は両容疑者が、先に逮捕された会津若松市宮町、会社役員鈴木治夫容疑者（四五）らに手口を指南した疑いもあるとみている。

発表によると、東城容疑者らは昨年八月上旬頃、鈴木容疑者らと共謀し、原発事故でスナックの客が減って売り上げが落ちたと偽り、鈴木容疑者名義で賠償金を請求し、東電から賠償金約八七〇〇万円をだまし取った疑い。

（「読売新聞」二〇一三年一〇月二一日）

■賠償詐欺の疑い　新たに二人逮捕＝福島

東京電力福島第一原発事故による風評被害の賠償制度を悪用した詐欺事件で、県警捜査二課と会津若松署などは四日、新たに会津若松市門田町、無職佐藤誠（三六）、同市扇町、保険外交員鈴木希（三一）の両容疑者を逮捕した。逮捕者は計一一人となり、被害総額は五〇〇〇万円を超えた。

同課の発表などによると、佐藤容疑者は二〇一二年一〇月上旬、主犯格とされる鈴木治夫被告（四五）（詐欺罪などで起訴）らと共謀し、エステ店の売り上げが落ちたと偽り、東電から約三六〇万円をだまし取った疑い。鈴木容疑者は同年九月下旬、鈴木治夫被告と共謀し、同様の手口で東電から約七二〇万円をだまし取った疑いがある。

（「読売新聞」二〇一三年一一月五日）

■賠償詐欺の疑い　三被告を再逮捕＝福島
東京電力福島第一原発事故による風評被害の賠償制度を悪用した詐欺事件で、県警捜査二課と会津若松署などは一五日、福島市丸子、無職東城幸一（五四）（詐欺罪で起訴）、同市渡利、同小野浩幸（五二）（同）、会津若松市門田町飯寺、同佐藤誠（三六）（同）の三被告を詐欺の疑いで再逮捕した。発表によると、三人は二〇一二年八月中旬頃、廃品回収業の売り上げが落ちたと偽り、東電から約二八〇万円をだまし取った疑い。一連の事件による被害総額は約五三〇〇万円となった。

（「読売新聞」二〇一四年一月一六日）

ご覧のとおり、事件は鈴木治夫を軸にして連鎖し、逮捕者は一〇人以上にもなっている。ここから推測されるのは、カネを巡って詐欺師たちが暗躍する、賠償の暗部である。
岩崎によれば、担当刑事は引き続き捜査を続けると言っていたそうだが、鈴木治夫の案件での逮捕は事実上、これで終結した。岩崎が告発した請求書の数からすれば、他に少なくとも四〇件はある計算になる。虚偽がはっきりしているものは良いが、実際に原発事故被害が少しでもあると立証が難しいので、渋々幕引きしたのだろう。
むろん、捜査官のなかにも忸怩たる思いを抱いた者はいただろう。だが、上からの指令がこれまで闇に葬られていた賠償詐欺の全貌を暴くものではない以上、彼らとしても真相究明に踏み込めなかったのである。

そして主犯格とされる鈴木に、懲役八年の判決が下ったのは、二〇一四年五月のことだ。報道によれば、裁判官は「賠償資金は国からの多額の財政支援、国民が負担する電気料金により形成されている。真の被害者への賠償手続きに支障や停滞が生じており、責任は重大」だと指摘した。

一方、賠償詐欺の初摘発という偉業を成し遂げた福島県警の捜査二課には、それとは真逆の朗報が舞い込んでいた。一連の活躍が認められ警視総監賞にあたる本部長賞が与えられたのである。

それを岩崎は刑事から弾んだ声で知らされた。まるで自分のことのように喜んだのは言うまでもない。

もちろん岩崎はこのとき、まさか自分が逮捕されることになるとは思いもよらなかった。

渉外調査グループ

会津若松のテナントが事件化し、岩崎の評価がさらに高まっていた一〇月、いよいよ渉外調査グループが結成された。

渉外調査グループとは、詐欺案件の摘発に特化した部署だ。言うなれば警察とは別に東電に設えられた、賠償詐欺の捜査班である。岩崎はそのリーダーに任命されたのだ。

これは補償相談室の副室長の肝いり部署だった。立ち上げ前夜、岩崎がいつものように業務を終えて帰宅の準備をしていたところ、ＧＭは言った。

「業務遂行のために必要な人員を割り当てるので、実質のリーダーとしてチームを引っ張っていってほしい」

既に辞令は出ていたものの、こうして上から直に激励の意を伝えられて気合が入らないはずがない。ここでも成果を上げれば、ついに大卒エリートたちと肩を並べられるやも知れぬ。岩崎はその他大勢でしかなかった過去を振り返りながら、ついにここまで上り詰めたと、いまの自分を噛みしめた。

翌朝、ＧＭは岩崎に部下たちを紹介した。システム担当が一人と、岩崎以下のスタッフは二人で、ＧＭ含め計五人と小規模組織ながら、積極的に詐欺案件を見つけ、警察と協力しながら捜査に当たるのである。


渉外調査グループは、初日から毎日のように会議の連続だった。議題にされたのはもちろん、不正請求の事件化だ。

繰り返しになるが、賠償には、国や電力会社が出資する原子力損害賠償支援機構からの援助金をあてているが、原資は公金や電気料金であるため、機構も国民に対して何かしらの言い訳をしなければならない。そのため東電は、いくら迷惑をかけている立場だとしても、カネを引き出すためには詐欺を摘発したり未然に防ぐなどして機構にアピールする必要があったのだ。

最初のターゲットは、福島・郡山市の飲食店「焼肉大王」だった。請求者である池田幸子について岩崎は、第九グループ時代から不正請求を睨みツバを付けていた。

第九グループにいる間、福島県内の墓石業者からの請求があった。採石場から墓石の切り出しをしているという触れ込みだった。

請求金額は二〇一一年三月から六月までの期間で、約二億円。担当者は別チームの、五〇過ぎの男だ。

それはシマを跨いで聞こえるほどの大きな独り言だった。

「二億円だって。この書類って大丈夫なのかなぁ」

岩崎は興味本位で尋ねた。

「どうしました?」

「これで、どうやって算定しようかなって……」

担当の男は、周囲に聞こえるように呟いた時点で、誰かに助けを求めていたに違いない。なにせ手書きの青色確定申告書の経費欄はほとんど空白で、売り上げだけが年商一〇億円を超えていたのだから。

岩崎は語る。

「賠償を算定する上での変動費固定費の割り振りに苦慮していた。私は、パッと見で胡散臭いと思ったので、請求書の住所をインターネットで調べるようにアドバイスしました。すると、そこにあったのは墓石業者ではなく、なぜか整骨院だった」

それにより岩崎は、売り上げの水増しはもとより、事業の実態すら怪しいと感じたのだ。

そして岩崎は請求者に架電するように指示した。

思いがけず墓石業者が、整骨院でもないと目される屋号を口にしたのはこのときだった。女性の、酒焼けした嗄れ声だ。

「はい、焼肉大王です」

「焼肉……墓石業者さんでは？」

「えっ、はい……」

そう言葉を詰まらせ、女性は折り返すとして一方的に電話を切った。岩崎は不審さを倍増させた。

岩崎はさらに、こうも続ける。

「墓石と焼肉とのミスマッチに、もしやと思い新損害賠償システムで焼肉大王と検索してみた。すると見事にヒットした。しかも、既に五〇〇〇万円が別のグループから支払われていたのです。

審査理由には疑わしいところは見受けられなかったように書かれていました。でもネット情報では、飲食店ではあるもののヤクザや半グレが出入りしているなど良くない噂ばかり。さらに震災後も繁盛しているらしいという書き込みまであった。

でも、当時の私の立場ではこの焼肉大王の請求までを覆すことはできないので、まずは墓石業者の請求を調べることにしたのです」

折り返しかけてきた女性は、被害者感情を盾に賠償を迫った。いくら墓石業者ではないのではと指摘しても、とにかく高圧的な態度を崩さなかったのだ。

困った担当の男は、電話を保留して岩崎にアドバイスを求めた。

「まずは月ごとの売り上げが分かる書類を提出するよう伝えてください」

埒が明かないと判断した岩崎は、書面でのやりとりを提案した。

「ディスプレイに表示された携帯番号のメモをとり、新損害賠償システムで検索してみました。すると、請求者・池田幸子の名前で二〇件以上対応した形跡があった。が、まだ請求書が出される以前の、問い合わせ段階のものがほとんどだったので、残念ながらこれ以上の追跡はできませんでした。

もちろんGMには報告したが、賠償請求は性善説が前提という立て付けは崩せないので、この墓石案件は注意深く対応するが、その他にまでは疑えないという結論になった。

当時の私は、それはそれで上司の判断だと思い、個人的な怪しい請求の記憶として焼肉大王を心にとどめておくことにしました。

その後、墓石業者と書類を出す、出さないのラリーが繰り返されました。

『ご請求の住所にあるのは整骨院なんですか？』

『焼肉大王というお店とは何かご関係がありますか？』

　そんな直球の質問を、担当の男が私のアドバイスで池田幸子にしたことで、とりあえず保留のまま一旦は葬られました」

　池田幸子からの連絡は途絶えたのだ。

　ところが、またもやその名前が浮上することになる。月日が流れ、渉外調査グループで怪しい請求の電話番号をシステム検索して数値化してみようということになった。これまでの経験では指南役の存在がカギだったことから、請求者名と携帯電話番号との関連性を調べるため、同じ携帯番号からの請求がどれだけの件数あるのか洗ってみたのだ。五件以上、一〇件以上、二〇件以上……とランク付けした。すると結果は池田幸子がダントツの一位だったのである。

　このときの心情を語る、岩崎の言葉である。

「驚いた。三〇件以上の一致と、数十回にのぼる同じ携帯電話番号での通話録音が判明したんだから。しかもそれが、あのとき疑った池田幸子で……」

　唖然とすると共に、懸念は的中。こうして池田幸子への捜査網は過去の経験も生かしながら、少しずつ狭められていく。

　岩崎はGMに結果を報告した。GMは迷うことなくこう命じた。

「よし、池田幸子をやろう」

　岩崎がその後の展開を説明する。

「池田幸子を渉外調査グループの事件化一号とするため、過去の請求書の疑義事項を洗い出して一覧を作成し、福島県警に相談しました。県警は、過去の詐欺事件で捜査のポイントは掴んでいたようで、被害届を出してからはトントン拍子に逮捕までいったらしい」

既に渉外調査グループを離れ、元の料金調査グループにいた岩崎は、この事実を後に開かれた元同僚たちとの飲み会で知った。そして数年後、二〇一六年一二月二日の新聞に、ついに逮捕の記事が載るのである。

■共謀して詐取容疑で逮捕　福島県

原発事故の賠償金詐取事件で、郡山署は一日、郡山市方八町二丁目、焼き肉店経営、池田幸子容疑者（六五）を詐欺の容疑で逮捕し、発表した。容疑を認めているという。

県警によると、池田容疑者は知人の山本由里子被告（四五）＝詐欺罪で起訴＝と共謀。山本被告の飲食店で原発事故による営業損害があったと偽り、二〇一三年一二月に東京電力から山本被告名義の口座に約一六〇〇万円を振り込ませた疑いがある。二人は賠償金の申請前に話し合い、池田容疑者にも現金が分配されていたという。

（「毎日新聞」二〇一六年一二月二日）

さらに余罪が判明し一ヶ月半後、池田幸子は福島県警に再逮捕される。

二〇一七年一月一九日の朝日新聞によれば、県内の土木会社の経営に関わっていた三〇代の知人男性と共謀し、原発事故で土木会社に営業損害が出たと偽り、二〇一四年二月に、さらに約三三〇〇万円を詐取したとあった。岩崎が睨んだとおり、いずれも山本由里子や三〇代の知人男性らと共謀していることからも、やはり池田幸子が首謀者だったのだ。

二〇一八年二月六日の産経新聞は、池田幸子に懲役八年六ヶ月（求刑懲役一〇年）の判決を言い渡したと伝えている。四業者分、賠償金計約八四〇〇万円を騙し取ったとしていることから、その後も捜査は続いていたのだろう。しかも四業者は事故後に営業を開始したか、事故による損害が全くなかったというから、当初から騙すつもりだったに違いない。

村田と進藤の逮捕

一連の賠償詐欺事件の流れで、久間章生・元防衛相が代表を務めるＮＰＯ法人「東日本大震災原子力災害等被災者支援協会」の元社員・進藤と村田ら男女四人が逮捕されたのは、岩崎が調布の料金グループに出戻った直後のことだった。

二〇一三年一二月、渉外調査グループの電話が鳴った。警視庁からだ。

岩崎の相談から、下谷警察署の担当が一年ほど放置していた鶯谷のデリヘル案件を、捜査三課があらためて捜査したいとの申し出があったのである。「何をいまさら」との思いから、岩崎はあまり乗り気ではなかったが、とりあえず捜査に協力することにした。デリヘルはその後、前述のとおり経営者の男・浅野博由が逮捕されたのだが、進藤や村田らが逮捕されたのは、意外なことにこのデリヘル事件が発端だった。

もちろん岩崎は、まだこのときは自分に捜査が及ぶなど思いもしなかった。だが、村田と浅野は知り合いで、さらに村田は岩崎と知り合いだったことから、ついには逮捕されてしまうのである。

〈東電の賠償金詐取でNPO元理事ら逮捕――〉

東京電力福島第一原発事故で風評被害を受けたと偽り、東電から賠償金約一二〇〇万円を受け取ったとして、村田や進藤、根本の逮捕が新聞各紙の一面を飾ったのは、二〇一四年八月二三日のことだった。

以下は当時、取材に当たった新聞記者や関係者の証言などを元にした、事件の回顧録だ。

※

二〇一一年一二月某日、中野区内の中華料理店で開かれたＮＰＯ法人・東日本大震災原子力災害等被災者支援協会の会合で、理事長の久間氏がこう檄を飛ばした。

「日本にとって、いまは大変な時期だ。みんなで力を合わせ、被災地のために頑張っていこう。乾杯！」

他の理事や福島県から参加した会員ら数十人が一斉に拍手で応えた。拍手の音はしばらく鳴り止まなかったという。久間氏の鼓舞は、出席者たちを奮い立たせたに違いない。

乾杯の音頭が終わり、グラスに注がれたビールを飲み干した進藤は、隣席の根本にこう耳打ちした。

「風評被害にかこつけて賠償金を騙し取らないか」

進藤とは旧知の仲だったが、詐欺の誘いには驚いたに違いない。しかし、根本も根っからの悪だったのだろう。同席していた村田が、「原子力災害賠償金支払い推進委員会評議員」という架空の肩書が書かれた真新しい名刺を差し出して、「東電の賠償制度には抜け道があるんですよ」と二の矢三の矢を放つと、迷いはなかったようだ。

進藤と村田にすれば、福島県内でコンパニオンの派遣業を営んでいた根本は格好の的だったことだろう。原発事故の影響でキャンセルが相次ぎ、経営が悪化したという筋書きなら、東電から簡単に賠償金をふんだくれると思ったに違いない。

賠償請求手続きは、根本がＮＰＯ法人に委任する形を取った。そこにはＮＰＯが悪事を働くわけがなく、強いては東電が疑うはずがないという目算があったに違いない。

売り上げを水増しするため、確定申告書に押される税務署の印鑑を偽造するなどして書類を揃えたのは、後に鶯谷のデリヘル案件で逮捕された、あの浅野博由だ。

一連の詐欺事件は、村田を軸に連鎖するのである。浅野の知人であり岩崎との関係から賠償手続きに明るかった村田は、既にこのときから詐欺チームを作り、その指南役として暗躍していたと考えられる。

進藤は申請書を二〇一二年四月に東電に提出した。すると、約一ヶ月後には約一二〇〇万円が振り込まれてしまう。そのうち四割、約五〇〇万円が根本に渡り、残りの七〇〇万円は進藤らで山分けした。

進藤らは、他にも十数社の請求手続きを代行し、東電から総額一億数千万円を手にした。


〈賠償手続きを代行します〉


こんなビラを方々の電柱に貼りまくった。この手口は、村田らが詐欺仲間を雪だるま式に増やしていったことを想起させる。こうして負の連鎖は続いたのだ。

警視庁組織犯罪対策三課は、進藤容疑者らが不正請求を繰り返していた可能性を睨み、その後も捜査を続けていた。

ＮＰＯ法人は震災後の二〇一一年八月に仮設住宅の提供や原発事故の被災地域の復旧支援活動などを目的に設立されていた。

後に裁判で明らかになった進藤の証言によれば、ＮＰＯの事業目的は会員の獲得、慰霊碑の募金活動、原発の除染作業員の宿舎、薬局、コンビニなどを設えたスモールタウンを作る「復興ビレッジ」プロジェクトなどで、二〇一四年二月頃から始めていたという。その資金は三〇〇〇万円ほどで、うち半分は自腹、もう半分は東電からだまし取ったカネからの分け前をあてたという。

だが、実際は活動実体はほぼなかったようだ。

全国紙社会部記者は語る。

「事務所は、別会社の間借りで、電話やファックスが置かれた簡素なものでした。事業報告書では経常収益や費用はいずれもゼロ。会員数も不明でした」

積水ハウスを欺いた地面師事件でも、社歴のある一般社団法人「ロハス・サポート財団」と関連企業の銀行口座がマネーロンダリングの受け皿として使われたように、詐欺を働くには、世間体がモノを言う。ＮＰＯを受け皿にして、さらに社会的地位の高い久間氏を理事長に就けたのには、そうした思惑があったのだろう。

記者によれば、理事の一人を直撃すると、「理事になっていることも知らなかった」と、怒りを押し殺しながら困惑したという。自分の名前が勝手に使われていたことさえ知らなかったのだ。こうして知名度がある人物たちの名前を使い、首尾よくＮＰＯの設立まで漕ぎ着け、ＮＰＯの冠を使い、東電を欺き続けたと考えられる。

浅野は売り上げの水増しのため、どうして税務署の印鑑を偽造したのか。

登記に詳しい司法書士は過去の知見を元に、こう手口を明かす。

「印鑑の偽造は道具屋の仕事です。ヤクザが土地取引や債権回収を主な凌ぎにしていた頃は都内に、こうした偽造工場が複数ありました。

偽造工場といっても、表向きは普通の印刷工場と変わりません。例えば広域指定暴力団の各組織は新橋、渋谷、東十条などに闇工場があり、それぞれ経営者を抱き込んで仕事をしていた。

技術の発達と値段が安くなった最近は、パソコン一つでやっています。印鑑証明の台紙さえ手に入れられれば、そっくりそのままコピーできる。データ化した後は、表向きはフツーの印鑑屋だけど、裏でそういう仕事をする業者にルートがあるブローカーに投げるだけ。印鑑の偽造は、オレオレ詐欺のアジトのようにマンションの一室で簡単に出来るようになったのです」

実際、積水ハウスを欺いた地面師事件の関係者によれば、そうして人知れず稼働している小さなマンション型工場が、未だ都内には無数にあるらしい。

「拠点は錦糸町、千葉、埼玉……みな積水ハウス地面師事件の首謀者・内田マイクに習った卒業生たちの仕事。マイクは偽造の校長先生みたいな存在だから。もちろん彼らは表には絶対に出てこない。偽造案件というのは、偽造する役者が捕まらないことがキモ。役者さえ捕まらなければ偽造の立証ができない。みんな被害者で終わっちゃうわけだから」

村田と繋がりがあった浅野のこと、彼がそうしたルートを持っていたとしても不思議ではないだろう。

そして代表の久間氏はどう関わっていたのか。前出の記者は続ける。

「ＮＰＯの関係者によれば、設立時に政治家がトップにいた方がいいという話になり、旧知の間柄だった理事の一人が久間さんにお願いして快諾してもらった、と。東電は昔から政治家の名前に弱い。そこに目をつけた進藤らが久間氏の名前を使うことを思いついたようです」

久間氏は、知人に頼まれて理事長を引き受けたが、活動実体がなかったので一年以上前に辞意を伝えていた。もちろん報酬は一度も受け取っていないという。事件には関与していなかったようだ。

しかし、前出の暴力団関係者によれば、久間氏と詐欺の関わりは分からないが、賠償請求でその名前を出す効果は絶大だったようだ。

「久間の名前を出せば簡単に東電から賠償金が引き出せるという触れ込みだった。そんな話を方々からされたよ」

そして二〇一四年八月、事件は弾けてあの村田が逮捕された。中国人女性・林杏との結婚で繋がった、強面の男。だが口調は穏やかな村田が、関係が深まり本性を現すまではゴロツキとは分からなかった。

賠償請求のイロハを教えてしまっていた村田との関係はその後、岩崎を窮地に追いやった。賠償金請求の書類作成などを指南する見返りに報酬を得ていたとして逮捕されてしまったのだ。

岩崎に容疑がかかったのは前述のとおり、裁判で発した進藤のこんな証言だった。

「東電社員のヤマザキから『下請けの会社は単体で一社ごとに請求してください』と言われた。だまし取った金の五％をＮＰＯ側から報酬として渡したケースもあった」

岩崎が不正に加担した理由について、進藤が続ける。

「私的な事情により給料だけでは収入が足りないからだと村田から説明された」

警察は、ヤマザキがカネ欲しさに指南を買って出たことが事件の背景にあると考えて捜査を始めた。ヤマザキとはもちろん、岩崎のことだ。

これだけはっきり証言されているのだから、警察が進藤の証言を鵜呑みにするのも無理はないことだろう。捜査の焦点は背後の黒幕・ヤマザキに絞られた。進藤の供述により東電内で犯人探しが始まったのだ。


二〇一六年二月二七日土曜日の朝、総勢八人の刑事が自宅に押しかけ、岩崎は任意同行を求められた。捜査は難航したが、村田のケータイ電話の通話履歴などからヤマザキなる人物を辿り、岩崎に行き着いたのだ。その二〇日後には、警察は岩崎からすれば恣意的な取り調べを繰り返し犯行を自供した供述調書を作成し、逮捕した。

岩崎は満期いっぱいまで賠償係を勤め、二〇一四年八月に調布の「料金グループ」に戻っていた。

賠償係は三年間という組合の取り決めがあったのだ。通常は一年半。本人が希望したり、上がどうしても必要な人材と判断した場合は三年までいることができた。上から「もう少しいてくれ」と引き留められ続けた岩崎は、それだけ必要とされていたのだ。

懲戒解雇

二〇一六年三月一一日、岩崎は東電から懲戒解雇された。惜しまれつつ料金グループに出戻ってから一年半が過ぎていた。やはり村田が逮捕された事件で共犯者として警察に疑われたのが運の尽きだった。

武蔵野支店の応接室に呼び出された岩崎に向かって女性の支店長は、言葉を選んで言った。

「長い間、会社のために尽力していただいて本当にありがとうございます」

すでに警察による取り調べを受けていた岩崎は、会社から自宅待機を命じられていた。その一二日前には辞表を出し、会社に迷惑をかけたくない一心で自ら辞めるつもりだったのと、せめて退職金だけはもらおうと目論んでのことだったが、挙句、会社が解雇できる猶予期間の限度いっぱいの日に呼び出され、解雇の辞令を渡されたのだ。

「今回、起きたことは、会社としては容認できないことなので、辞令を発令します」

二三年間も勤め上げたにも関わらず東電は、岩崎に対して非常に冷たかった。先手を打って辞表を提出した思惑を見透かすように、この場でサインをするように迫ったのだ。

「持ち帰っていいですか？　サインは週明けまで待ってください」

そう逡巡する岩崎に対して女性の支店長は、今度は言葉を選ばない。

「いや、どうしてもこの場でお願いします」

無理もないだろう。賠償詐欺捜査官が詐欺の片棒を担いでいたという疑惑で新聞沙汰にまでなり、東電に赤っ恥をかかせたのだから。

溜まらず岩崎は、その場で弁護士に連絡を取り指示を仰いだ。

弁護士は言った。

「まあ、いいんじゃないですか」

あまりに楽観的な返答に、戸惑と不安が入り混じったが、もう弁護士しか頼る者がいなかった岩崎は、退職金不支給の懲戒解雇を受け入れて、とりあえずサインすることにした。

形式上は懲戒解雇だが、会社もどこかで岩崎が不正に関与していないことを分かってくれていると思っていたのだ。だから迂闊にも応じてしまったのである。

これも因果なのか。こうして岩崎の賠償係としての歩みは皮肉にも、三・一一に始まり三・一一に終わった。

第六章　賠償金

ここで、改めて賠償金について考えたい。

原子力損害賠償支援機構法が二〇一一年八月に成立したのを受け、東電は同年九月から本格的な賠償を始めたことは、既に伝えた通りだ。東電によれば、二〇一九年七月一二日までで請求は延べ二九〇万件を超え、約九兆六二二億円が被害者に支払われている。

賠償は、この原賠機構からの支援金をあてている。その支援金は、もとは公金や電気料金だ。うち大半は電気料金に転換されていることからつまり、間接的に我々一般国民が多くを負担しているのである。

原子力災害の賠償金を所管する文部科学省・研究開発局原子力損害賠償対策室の担当者はこう説明する。

「国が国債を原賠機構に交付します。それを受けて原賠機構が、東電からの請求に応じて国債を現金に変えて資金を交付。そして東電は、その資金を使って賠償しています。

東電はお金を借りていることになっているので、一般負担金や特別負担金という形で毎年、原賠機構にお金を返しています。また一般負担金は、東電はもちろん、一部は他の原子力事業者も含まれています」

これは相互扶助資金と呼ばれる返済システムで、東電などが利益を上げて、そのなかから原賠機構に返済しているという。

では、その利益とは何か。そして、そもそも国債の原資は何か。

経済産業省・資源エネルギー庁・電力産業・市場室担当者は言う。

「国債の原資は、国のエネルギー対策特別会計のなかの、原子力損害賠償支援勘定が金融機関などから借り入れを行っています。その国債は、いわゆる交付国債と呼ばれていて、予算の議決の範囲内において、現時点で一三兆五〇〇〇億円を上限にして原賠機構に発行しています。これを月々の、原発事故の被害者の方々への賠償や、中間貯蔵や汚染の事業を行っている環境省からの請求書に応じて、原賠機構が保有している交付国債を現金化して、機構を通じて東電に対して交付（支払い）をしているのです。

原子力事業者が負担金を払うには当然、収益を上げなければいけない。その収益が何かと問われれば電気代なのは否定はしづらいところではあります。もっとも電気の自由化により、いわゆる地域独占時代の電気代とは性質が異なるものだと思いますが。また広義の意味で税金が使われているのは、一三兆五〇〇〇億円のなかで、エネルギー対策特別会計になりますね。

一三兆五〇〇〇億円を超える場合は、そもそも閣議決定をし、かつ国会の議決にも基づいて数字を決めているので、それを上回ることになると、現状の仕組みのなかでは手当はできないことになるかと思います。財源が圧迫されれば、また考えることになるでしょう」

こうして我々が肩代わりしたカネが、東電や原賠機構を通じて還流しているだけなのだ。

もちろん東電らは返済しなければならない。担当者は続ける。

「例えば二〇一七年の返済実績は、一般負担金として計一六三〇億円。これに加えて、事故事業者である東電だけが支払う特別負担金が七〇〇億円。別途、中間貯蔵施設にあたる部分は国の責任として処置をするとしてエネルギー対策特別会計から四七〇億円。年によって多少のバラツキはありますが、こういった水準感の負担金が毎年、原賠機構に納付をされ、原賠機構は、運営などに必要な事務費を引いて納付しています。

これまでの総返済額は約一兆三〇〇〇億円。まだ一二兆円も残っている計算になり、もちろん時間はかかりますが、東電に経営改革をやってもらいながら、肩代わりしたお金をしっかり返済してもらう、と」

こうしたカネの流れを当然、デロイトや東電上層部は熟知していたのだろう。賠償するためには、原賠機構からカネを引き出す必要があり、また原賠機構も国債を交付してもらうため国にぶら下がったのである。

そのためにはカネを被災者に湯水のごとく支払うだけでなく、ときには対外に向けてその正当性をアピールする必要があったのだ。そして賠償が進むにつれて、渉外調査グループを設置し、詐欺師たちの不正を一応は暴いてみせたのである。

岩崎はこう見解を示す。

「（原賠）機構を説得するカードとして渉外調査グループが必要だったと思います。というのも、メルトダウンを認めてから膨大な数の請求書が来るようになって、『迅速なお支払い』を御旗（みはた）にして賠償の額も倍々ゲームのように増えていったんですから。

それで、当時は知らなかったけど、賠償にも一三兆五〇〇〇億円という天井があった。私は、後からそれを知って、少しは東電の役に立ったのかな、と。まあ、東電からすれば、（原賠）機構からカネを借りられればそれで良かったんでしょうけど」

廃炉や賠償、安定供給の責任を貫徹するために設立された原賠機構は有価証券報告書によると、東電の株式を五〇・一％、約一兆円分保有している。つまり原賠機構は、東電の支配株主であり、東電はこの原賠機構を介して実質国有化されているのである。国や原賠機構の傘下にある東電は当然、会社存続のためには親会社の機嫌を損ねるわけにはいかない。

もちろん、すべて返済できればそれでお終いだが、それが出来る体力があるならば、そもそも国有化に甘んじるわけがない。国からカネを借り続けるために、どうにか利息だけを捻出する闇金の顧客のごとく無限地獄に陥った。その道を自ら選んだ。

東電は、そうして延命しながら、なにより電気料金から賠償金を捻出し続け、場合によっては上乗せすれば返済計画を組み立てやすいと考えたと見るのが、自然だろう。

打ち切り

この国と東電との主従関係の恐ろしいところは、原資が電気料金と税金で、東電が捻出しているカネではないこともさることながら、財源の天井が見えてきた昨今、東電の和解案拒否の末に相次いで打ち切られていることだ。

それについては次のように報道されている。

■賠償指針見直しを申し入れ　東電の和解拒否続き、福島

東京電力福島第一原発事故の損害賠償を求め福島県の住民が集団で申し立てた裁判外紛争解決手続き（ＡＤＲ）で、東電の和解案拒否による打ち切りが相次いでいるとして、計約二万四千人の住民の六弁護団は一八日、賠償の指針を定めた国の原子力損害賠償紛争審査会に、指針の見直しを求める申し入れ書を合同で送ったと発表した。

弁護団は浪江町や福島市の住民による八件のＡＤＲを担当。東電は国の原子力損害賠償紛争解決センターが示した和解案を全て拒否し、うち五件は昨年四月以降に順次、打ち切りとなっている。

申し入れ書では、東電が和解案について、国の指針を超える賠償を提示しているなどとして拒

否していると指摘。指針の記載を東電が自らに都合の良い解釈をしているとして、指針の見直しを訴えた。

弁護団と共に記者会見した伊達市富成地区の羽賀ますみさん（六三）は「和解案では被害がある程度認定されているのに、私たちは（東電側の主張を）認めないといけないのか」と涙ぐみながら話した。

（「日本経済新聞」二〇一九年一月一八日）


東電を欺き賠償金を搾取したものたちは当然、摘発されて然るべきだ。しかし、こうした本当の被災者たちを捨て置くことがあっていい、はずがない。

今年の七月一二日までの賠償額が約九兆六二二億円なのは、既にお伝えした。筆者が三月八日に東電に問い合わせた時点では、八兆七〇〇〇億円だったが、その中には除染費用も含まれていて、被災者賠償に限定すると約六兆七〇〇〇億円。そのうち、法人・個人事業主は約四二万三〇〇〇件、三月八日までで約五兆一〇〇〇億円が支払われたという。

このなかには、いったいどれほど原子力賠償詐欺が含まれているのだろうか。

広報担当者は言う。

「件数と被害額については不正請求の誘発等が懸念されることから回答を控えさせていただいております。刑事事件に関する内容であったりもしますので、公表する予定はいまのところありません」

つまり、我々には事件化して報道されたものの総計しか分からない。その全てが報道されるわけではないので、賠償金がどれだけ不正にせしめられているのかを検証する術は現状、東電が語らない限りないのだ。

詐欺を未然に防ぐ努力こそしていると嘯くがむろん、具体的な打開策はない。

広報担当者は続ける。

「受け口である請求の部分はお受けするしかありません。なので、請求自体は防止することができません。その上で賠償金を騙し取られる被害を未然に防ぐために、請求書に記載されている内容と、ご提出いただいた証票（レシートや領収書など）とを照らし合わせまして、正当な請求かどうかの確認を徹底しています」

岩崎が東電にいた当時と何も変わっていないのだ。疑わしくも端から請求を突っぱねることはできない。それを人間がマニュアルに沿って審査するのだから、提出書類に不備がなければ支払われてしまうことは、もはや自明の理である。

後に事件化することもあるが、大半はそのまま搾取されてしまうのだろう。ある暴力団関係者が内幕を語る。

「金の密輸や振り込め詐欺に続く新手の詐欺として裏社会では、風評被害による売り上げ減を訴えて書類を揃えればいとも簡単に賠償金を取れる話が流布している。カネになりそうな会社や個人事業主を抱き込み、手続きを教えて賠償金を山分けするんだ。

摘発されるようになったから最近は、弁護士や行政書士と組んで慎重にコトを進めることもある。仕事のない弁護士に、消費者金融の過払い金請求のように着手金無料で代行させるんだ。やっぱり肩書きがあると審査が通りやすいからね。

話にノッてくるヤツらも少なくないよ。ほら、ヤツらにとってもいいシノギになるから」

信じがたい話ではあるが、弁護士や行政書士による賠償手続き代行の実態がインターネット上には無数に踊っていた。さらに村田の関与はもとより、ある事件も闇社会との関与を裏付ける。

かつて暴力団幹部を首謀者とする金塊密輸事件を取材したことがあり、筆者はその実行犯の告白を「実行犯に本誌単独インタビュー『五億円一一二金塊密輸の手口、すべて話します』」との見出しで写真週刊誌「フライデー」にて報じたのだが、その一味である長野順一が巨額の賠償詐欺疑惑で逮捕されたのだ。

時事通信の記事である。

■原発事故賠償金を詐取容疑＝航空関連会社の代表逮捕

東京電力福島第一原発事故による風評被害への賠償制度を悪用し、東電から約六四五万円をだまし取ったとして、警視庁麻布署は二八日までに、詐欺容疑で航空関連会社「ジャパンジェットチャーター」代表、長野順一容疑者（六七）＝東京都中央区勝どき＝を逮捕した。「虚偽ではない」と容疑を否認しているという。

逮捕容疑は二〇一二年二月～四月、東電に対し「外国の富裕層を対象としたプライベートジェットのチャーターの予約が入っていたが、キャンセルが相次いでいる」などとうその説明をして、賠償金として約六四五万円を詐取した疑い。

同署によると、長野容疑者は無許可でチャーター便事業を行っていたという。総額約七〇〇〇万円の賠償金を東電から受け取っており、同署は他にも虚偽申請がないか調べる。

（「時事通信」二〇一九年一月二八日）

容疑者の長野を知る関係者によれば、金塊密輸の首謀者らは今回の賠償詐欺については知らなかったそうだ。だが、長野とヤクザは知らない仲ではないことから、他にもそうした詐欺の手口を指南した裏社会の人間がいたことは容易に想像できるだろう。

それは岩崎によれば、村田もヤクザか、あるいは共生者であることからも分かる。こうして賠償はアウトローたちにしてやられているのだ。

政府は、賠償や廃炉などには総計二一兆五〇〇〇億円かかると試算指定している。内訳は、廃炉の見通しで八兆円、賠償に七兆九〇〇〇億円、除染に四兆円、そして中間貯蔵に一兆六〇〇〇億円だ。合計すると二一兆五〇〇〇億円になる。これら全てが交付国債で、つまり電気料金と税金で賄うことになっている。

これから詐欺は、次々と明るみに出るのだろうか。疑惑の数は、岩崎が関わったものだけでも一〇〇件は下らなかった。

さらに事件化したものだけでも、搾取されたカネは数十億円規模だ。繰り返すがこれまで払われた賠償金の総計は、約九兆六二二億円。このうち、いったいどれだけ黒いカネが混じっているのだろうか。

そして詐欺師たちが手にしたカネは、既に使い切ってしまったか、どこかに埋もれて行方知れずのままだ。逮捕報道は断続的にされるが、それが返却されたとは聞こえてこない。

一方で、東電は浪江町や福島市の住民たちの和解手続きを打ち切った。

その被害額すら把握できない状況と、打ち切りとの矛盾について、岩崎はこう指摘する。

「東電は賠償金の支払いの滞り解消のため、（原賠）機構からカネを借りるため、請求書類の審査を簡素化してきました。しかも請求者の居住地や売り上げの増減などは原則的に実地検査などはせず、書類の確認だけ。そこに付け込まれて虚偽請求は増えたのです。もちろん上から有効な打開策は示されませんでした」

詐欺師たちが暗躍する背景には国有化された東電の、瓦解してしまった体制にあるのだ。果たしてそのおかげで、いったい何人の、本当の被災者が割りを食ったのだろう。それでも岩崎たち現場は人海戦術で不正を見つけ、警察と協力などして詐欺を暴いた。その仕事ぶりは東電のなかでも秀でていた。

賠償詐欺の摘発に岩崎が一役買ったのは疑いようがない事実だ。そして東電がいまも続いているのには、微力ながら岩崎の奮闘もあったはずなのだ。

しかし、ついに東電は二〇一六年三月一一日、その功労者を懲戒解雇した。もちろん岩崎は争ったが、会社の判断が覆ることはなかった。

岩崎を失った東電は、マトモな審査をしているのだろうか。ザルの目がいびつに偏り、その大きくなった網の目を、まるで破れた金魚すくいのポイかのごとくカネが漏れてはいないのか。

我々が税金や電気料金を払った傍から、おびただしいカネが詐欺師たちに流れている――。

このまま何の策も講じられぬまま、清濁併せ飲む賠償がこのペースで進めば近い将来、誰も実感の湧かぬまま当初の試算の一三兆五〇〇〇億円を超えることだろう。

第七章　裁判と述懐

それぞれの判決

岩崎の東電解雇から一年二ヶ月が経った二〇一六年五月半ば、東京地方裁判所で村田と進藤の量刑が決まった。いずれも懲役九年の実刑判決だった。

〈主文　被告人を懲役九年に処する〉

裁判官は量刑の理由について、こう述べた。

「書面審査にとどまることに乗じ、会社の代表者らと意を通じたり、その名義を借りたりするなどして、体裁のみを取り繕った内容虚偽の書類多数を提出して架空請求を行うもので、原発事故の被害と無関係な地域にある被告人や共犯者の関係する会社まで被災した工事の下請けの名目で請求名義人に取り込むなどしており、手の込んだ狡知に長けた手口と言える。

原発事故という未曾有の事態から生じた広範かつ大規模な被害に関わる補償、賠償を迅速に進めることが喫緊の課題となっていたなかで、その要請に則して運用されていた賠償交付金審査手続きを、被災の渦中にあるわけでもない者が、その趣旨を踏みにじり、審査の手薄さにつけ込んで不正な利得の手段として悪用した点でも、卑劣で悪質な犯行というべきである。そして、これを半年余りの間に反復ないし並行して合計一二件も累行しており、搾取金額も合計八五五五万円余りと非常に多額である。よって犯行全体に関わる行為責任は、詐欺事犯のなかでも特に重い。（以下略）」

公判では、村田や進藤がＮＰＯを舞台に詐欺を働くことになった経緯が明らかにされた。進藤の主張によれば、村田からこう誘われたのが発端だった。

「村田の友人で東京電力の社員がいるんだと。たまたまその彼が請求の受付の部署に異動になったと。その彼の提案だと思うんですけれども、彼があらかじめ村田が作った請求書をチェックして、要するに百点満点の回答っていうんですかね、答案用紙にして出せばあれ出せ、これ出せとか、追加資料でこれ出してくれとか差し戻しがない。スムーズに請求できるでしょう、と」

進藤は、以前は商社勤務で全国を飛び回っていたため、福島にも取引先や知り合いがいた。そんな顔の広さに目をつけた村田は、進藤を仲間に誘ったという。

村田の友人の東電社員とはもちろん、岩崎のことだ。では、なぜ岩崎が村田の誘いに乗ったかとの弁護人による問いには、次のように主張した。

「彼が離婚すると。その慰謝料を支払わなければならないと。その慰謝料を払うためには給料だけじゃ足りないみたいなことで、これで請求した人から手数料をもらって、その一部をペイバックして裏金として渡すっていうふうなことを村田は言っておりました」

その後の具体的な行動について進藤は、「いろんな私の知り合いに声をかけて、特に福島県に在籍している方々に声をかけて、こういう請求ができるんだよっていうようなのを電話とかで勧誘しました」と主張した。実際には件の誠武総業のAに声をかけた。

「Aさんが震災以降、原発の事故以降に、東京、関東方面に避難していると。そのときに私、別の仕事を紹介してあげる打ち合わせをした時に、そういうのを思い出してAさん、そういえばあなたの会社も福島の会社だから請求できるんだよっていうふうな話をしました。Aさんは、その話は知らなかったと。テレビでもコマーシャルやってないしと。何だ何だ、できるのかと。それで『ちょっとお願いしてみよう』というようなことで」

Aの「お願い」とは、震災前から滞っていた「日本芸能文化村」の建設工事だった。

「震災の影響ではなく、途中で止まってる工事があって、これ、どうしても最後まで作りたいんだと、やり遂げたいんだというふうなことを言ってたんですね。これ、請求できるかどうか、ちょっとどうだろうって相談されたんですよ。私としては判断できないものですから、村田さん経由で東電の人に聞いてもらえないかというふうに村田さんにお願いしました」

進藤によれば、村田から聞いた岩崎の回答は、こうだった。

「できますよ。全然できますよと。ただし、工事が中断した時期というのを震災があった、要するに、原発が爆発した頃に合わせてくれと。要するに、工事しかかってる時期をその時期に合わせてくれというふうなことを言われたんですね。あと、もう一つは現場が南相馬市だったんですね。南相馬市のちょうど第一原発から二〇キロ圏内ギリギリかかるか、かからないかの場所だったので、もしかしたら一括請求で満額もらえるかもしれないと。そういうふうな請求書を出せるから、一度それで出してみようかというふうなことを言われました」

そしてヤマザキ（岩崎）の関わりについて、続けた。

「まず、毎日のように東電に電話しろと。要するに、村田が請求書を送った後に、毎日のように電話の確認をしろと。今どうなってるんだ、ちゃんとやってるのかと。こっちは被害者何だというふうな、要するに、上から目線というんですか、そういったことで向こうの方には言えというふうな指示を当初、村田の方からは言われておりました。それで、その後、実際に請求書が向こうの方に、審査の方に通って担当者が決まった。その際に、書類の不備だとかいろんなものを提出してくれと、そういうふうなことを言われたわけなんですね。その時に同じように村田に相談の電話をして、こういうふうに言われたんですけど、どうすりゃいいですかと。結局、彼も建築関係にあまり詳しくないというようなことで、今回、請求が初めてというふうなこともあって当然、私もよくわからないわけなんで、東電の知人という人を直接その時に紹介していただいた。直接、その人と話してくれないかと。

結局、ヤマザキさんからも同じようなことを言われました。もうあなたたちは被災者何だから、いろんな請求要求されても突っぱねろと。ふざけんじゃねえと。逆ギレしちゃってもいいよというようなことを」

進藤は当初、下請業者を含めた「日本芸能文化村」工事全体の損害について請求した。だが、東京電力の賠償請求の担当者は「下請会社については、各社単体で、単独で一社ごとに請求してください」という判断だった。

指摘を受けて進藤は、すぐにヤマザキに電話をして指示を仰いだ。そして、「進藤さんたちは久間元防衛大臣が理事長を務める、いうならばすごいＮＰＯ団体にいるんだよと。それを使わない手はないでしょうと。東電の賠償部門に電話して、人間呼びつけて、担当者を決めさせて、それで、何社かまとめて請求すりゃいいんじゃないか」と助言されたと語っている。

以上は、進藤の弁護人による質問から明らかになった進藤の証言に過ぎず、また大部分が村田からの又聞きのため、簡単には鵜呑みにすることはできないだろう。

事実、裁判での進藤の主張を知らせると岩崎は、「やはり警察は恣意的というか、誘導尋問が警察のやり方だなと思いました。筋書き通りに自白させたい感じですね」と語ったうえで、「警察は誠武総業を事情聴取のポイントにしたかったのでは」と経緯を説明した。

「刑事さんから最初、『誠武総業の相談を受けていたよな』って聞かれました。『どういうことですか？』って聞き返すと、『日本芸能文化村のことだよ』と言われたので、『南相馬の件ですよね』と答えました。

『ここの請求について村田から相談されなかったか』

『原発事故が原因で建築計画がとん挫した娯楽施設があるんだが、それも賠償されるのか、という相談は受けました』

そして私は刑事さんに、『原発事故が原因であれば対象ではあるが、逸失利益の賠償ではなく将来利益の賠償になってしまうから、定型的ではなくＡＤＲが絡むので時間をかけて個別に協議する案件になる。ただ、避難区域であればそれまでにかかった費用（実費）は対象になるっていう考えもあると説明しました』と答えました。すると刑事さんは、私が話している最中から苛立ちを見せ、『そうじゃないだろ、最初っから騙そうと思っていたんだろ』と言ってきた。『相談を受けたのは、いわゆる資格要件に関するところで、具体的な決算書、金額の話はしていませんし、被災者に相談されれば同様のことを話していたので、私が話したことが悪意あることにつながるとは思いませんでした』

私が理路整然とそう答えると、刑事さんは『進藤はお前と話したって言ってるんだよ』と強い口調で反論しました。もちろん刑事さんからは、久間元防衛大臣が理事長を務めるすごいNPO団体にいるんだからそれを使えとか、東電の賠償部門に電話して人間呼びつけて担当者を決めさせて何社かまとめて請求すりゃいいんじゃないかとか、進藤によるそうした証言があるとは言われていません。進藤が話したことを裏付けるような言質をとられたら私は、主犯で法廷に引っ張り出されてたなと。警察が私に何を言わせたかったのか分かった気がします。

そして私は、東電賠償担当者の上から目線での対応の批判も込めて『ガツンと言ってやればいいんですよ』ということや、いきなり進藤から電話があったので咄嗟にヤマザキという偽名を使ったことを正直に話しました。

刑事さんは言いました。

『お前が言った通りなら、お前がやったことは犯罪じゃない。会社のルールを破っただけだ。なんで隠そうとしたり申し訳ありませんなんて言うんだ？』

『私がしたことが、会社の倫理に反するということはわかっていました。だから……』

私がそう答えると、刑事さんは『自己弁護ばっかりなんだよ』と吐き捨てました」

要は村田や岩崎から言われるがまま動いただけで進藤は、自分は誠武総業との仲介者であり、強いては首謀者ではないとの主張が繰り返されているのだ。

検察官もそう感じていたようで、その後の検察官による進藤への被告人質問では、より進藤の関与を色濃くする質問がなされた。


――まず、今回騙し取ったお金のうち、あなたが報酬、約三〇〇〇万くらいですかね。受け取ってますね。

「はい。二三〇〇万ぐらいだと思います」

――村田から最初にこの賠償金の話が出た時に、そういう東電に知り合いがいるという話がありましたね。

「はい」

――その時に架空の請求をするとか嘘の請求書を作るとか、そういう話は出たんですか。

「出ません」

――請求書の内容が嘘でも大丈夫みたいな話はあったんじゃないんですか。

「コピーでも大丈夫だみたいな話はありました」

——内通者の方は誠武総業に対してどれくらい関与してたんですか。

「最初から関与といいますか、前段にも言った通り誠武総業の請求書はできるのかというようなことを相談しておりますので、最初から関与というか、知っていると思います」

——あなたとしても最初から不正な請求をするというつもりではあったんですか。

「不正というよりも、東京電力の社員の力ってすごいんだなっていうふうなことを感じて、不正というような、そういう感覚ではなかったですね」

——誠武総業の件に関すると、Aが五〇%であなたが二五%で村田が二五%。村田の二五%から内通者に五%がいくという計算でいいんですか。

「そうですね」

——それは一応あなたたちの中では不正な請求をするという認識だったということでいいんですよね。

「というか、不正というよりも最初、全体請求をしようと。要するに、東京電力の内通者の方の指示の下にやったわけなんですけども、書類作りとか、それが全部がそもそも村田が全部やるからと。僕は紹介するだけですよといったものですから、そういった認識というのは特になかった」

——誰が仕切ってるとか、そういうことはいいんですけど、少なくとも誠武総業の時は書類を偽造して請求するという話はあったわけでしょう。

「そうですね」

——それは不正な請求ってことですよね。

「そうなりますかね……。難しい問題ですね。結局、東京電力の方がいると、内通者がいるということで、ああ、こんなこともできるんだというふうなイメージだったものですから、要するに、裏技みたいな感じのイメージでした。それが不正だと言われれば不正だと思います」

こうして進藤の主張は退けられたのだ。

〈貴殿に対する詐欺被疑事件については、公訴を提起しない処分をしました〉

岩崎の元に不起訴処分通知書が届いたのは、二人の判決から約半年後の一一月一六日、事件により東電を解雇され、仕事も家族も失った後だった。結果は不起訴処分で、汚名は返上したことになる。だが、書類送検により人生が狂ったという事実は消えない——。

岩崎は、不起訴になった後に新しい仕事につくも、職場の社員と些細なことから揉めてしまい、無断欠勤をして家を飛び出した。生活困窮者の支援センターで過ごすも心の病からＮＰＯの支援団体の宿泊施設で暮らしながら、生活保護を受けるなどして細々と食いつないでいるという。

新たな仕事

東京・新宿歌舞伎町のうらぶれた喫茶店でひとり、僕は岩崎を待っていた。他に客はキャバ嬢とホスト風情の一組だけ。静まり返る空気のなか、岩崎がやってくる。

もう何度目のことだろう。僕は、ある人物に紹介されて以来、度々こうして岩崎と会って原発事故賠償詐欺の取材を続けていた。

岩崎は不起訴処分になり、村田と進藤にも処分が下された。これでもう賠償詐欺との関わりは途絶えたはずだ。判決前はまだ事情聴取されるのではとビクビクしていたが、一年ぶりに会った今日は、どこか晴れ晴れとしている。

いつものようにアイスティーを頼んだ岩崎は、それに口をつけることもなく淡々と、現在の境遇と東電に対する思いを語り出した。

二〇十九年三月半ばのことである。これが最後のインタビューになるはずだった。

※

実は、いま東電関連の仕事をしているんです。二〇一七年の九月、スマホの求人サイトで見つけました。
〈大手電力会社の電気工事の簡単な説明などの仕事です〉

東京の大手電力会社といえば東電しかない。だから、最初から東電の仕事だろうとは薄々感づいていました。

内容は「東京電力エナジーパートナー」での、新電力の電気工事のネット受付部門のコール業務全般。派遣元からはあまり説明されなかったけど、九月一日から派遣され、渡された資料を見た瞬間にもう、懐かしいなと思いました。電力小売り全面自由化の直前に退職したので、新しい言葉も多少はありましたが、誰のためのどんな仕事かはすぐに分かりました。

募集時の時給一三〇〇円。私は経験値があったので、入ってすぐにバイトリーダーになりました。派遣社員なので、契約は三ヶ月ごとの更新なのですが、「時給を上げるから辞めないで」と引き止められたりしながら、派遣ながらその部署のリーダー、スーパーバイザーへとキャリアアップしたのです。時給は、今年の三月で一八〇〇円になりました。

忙しいけど、業務としては全て過去の経験でこなせるものです。管理職としてその知識を伝えたり、電力会社としての考えを代弁したり。一五年前に経験した「技術サービス」での業務が生きました。電気工事の全般を担っていたので、その新電力版として応用ができたのです。

そう、巡り巡って東電の社員と同じ仕事をしているのです。給与は東電時代に比べれば少なく年収ベースでは下がりましたが、家賃を抑えたりなどしたので、生活レベルはそれほど変わっていません。まあ、社員時代と違って身内の不幸で休むと欠勤扱いになるとか、契約だから更新されないこともあるとか、生活は不安定ではありますが。早いものでもう、一年半になります。

なぜ東電の仕事を選んだのか。はっきりとした理由はありません。介護の資格を取り、一二月からは次の仕事が決まっていたので、それまでの繋ぎで。たまたまそれが東電の派遣社員だっただけのことで。志願して賠償係になったり、率先して賠償詐欺を暴いたりした、その性格が。当初は時給しか見ていませんでしたが、クビになった私がまた派遣で東電にいることに面白味を感じました。

不埒なのかもしれませんが、いまはやり甲斐も感じています。一年半前に入った時がほぼ、部署の立ち上げでした。渉外グループ時代のように自分の裁量に任せてもらえる部分がどんどん多くなり、まだ定まっていない方向性を走りながら決めていく感じだったのです。職場全体が不安を抱えながら前に進もうとしている。それがモチベーションになって続けられています。

社員と派遣社員という格差はありますが、そもそも東電に居続けるつもりはなく、何か他に楽しい仕事が見つかれば辞めるつもりだったので、別にそれは。社員時代は事件で騒がせてしまったり、解雇されて業務を途中でほっぽり出した形になってしまったので、元身内が困っているなら助けたいと思ってやっています。

実際、社員は本当に困っているんですよ。立ち上げられたばかりなので、派遣はもちろん社員も手探り状態。配置された社員は、新電力のプロフェッショナルではなく、たまたま来た人が多いから。私に聞かないとわからない部分も多かったり。例えば電気屋さんからクレームが入ったけど、そのクレームの理由と、どっちが悪いか、どう対応したら丸く収まるのか。それは過去の東電の知見が役に立つ。いろんな部署が絡むので、そうした捌き方などは、やっぱり長く東電にいた人じゃないと分からない。多少は理解している社員がいても、東電の歴史の背景を踏まえて説明できないのです。

もちろんこんなはずじゃなかったという思いもあります。事件に巻き込まれていなかったら、いま頃どうしてたのだろう、って。私の過去を知ってる社員と接すると、そんな思いが頭を過ぎります。

その一方で、彼らから私に関わりたがらない感じがヒシヒシと伝わるのです。違う事業所に電話をしたり、電話が入ったりして、それが昔、一緒に仕事をしていた人だったりすると、表向きは挨拶してくれるんだけど、次からは知らないフリをされたり、素っ気なかったり。

そこは少し悲しいですね。各地に事業所やカスタマーセンターがあり、そこからいまの工事の部署に電話をする際は、担当者として私の名前が出ています。なので、かつて一緒に仕事をしていた多摩地区の人なら、名前を見ればすぐに分かってしまう。当然、会社にガサが入った噂も広まっている。だから、特に多摩地区は腫れ物に触るような対応なんです。

相手がそうだったように、もちろん私も当初は東電社員たちと触れ合うのが嫌でした。派遣されて半年くらいは渉外調査グループ時代の因縁の上司たちを見かけたらと思うと苦痛で、お偉いさんたちが視察に来ると気づかれないようにずっと下を向いて仕事をしていました。因縁の上司とは、渉外調査グループを立ち上げる時の、副部長。ヤツがいま、東京電力エナジーパートナーの取締役をしているから。

何度かお偉いさんが視察にきたことがあり、私はその都度ずっと下を向いてしまいました。ヤツは私のことを、絶対に恨んでいる。当初は立ち上げのリーダーにまで抜擢し、成果を上げていたのに、裏では詐欺の片棒を担ぎ、強いては自分の顔を潰されたと思っているはずですから。そんな因縁があるから、東電から足切りされたように、私はいつ更新しないと言われるのかと思いながら過ごしています。

もっとも、私が辞めさせられたことを知らない人もいると思う。というのも、通常は社員が辞めたら社内報に載るんです。でも私の場合は、なぜか載らなかった。だから知っているのは、会社がガサ入れされた多摩地区の人だけなのかもしれません。

後悔と責任

後悔がないと言えば嘘になります。なんで村田に口添えしちゃったんだろう、って。そうして事件の記憶は消えませんが、それほど引きずってはいません。

また村田が憎いとか、裁判で適当な証言をした進藤が憎い、それを鵜呑みにした東電に恨みがあるとか、誰かをピンポイントで憎んではいません。

振り返れば私が出会い系サイトに書き込んだばかりに村田に紹介された中国人女性から始まっ

た。せっかく東電に受かったのに、入ってからも離婚するハメになった。元嫁と揉めて子供にも会わせてもらえてない状態でした。だから、そもそもロクな人生じゃなかった。

山っ気がある性格だから何かで逆転させようとしちゃうんですよね。新しい伴侶が見つかれば、また好転するんじゃないかって。そんな短絡的な性格が良くないんだと思います。要は、自分が一番可愛いんですよ、きっと。

そのことは取り調べで刑事にも指摘されました。

「結局、お前は倫理観が薄いってことなんだよ」

「はあ、そうですか」

「なんでやったんだ?」

「いや、(村田が)困っていたからです」

「それと倫理観は別問題だろ?」

刑事の説教は、無鉄砲な私の心にも少しは響きました。まあ被災者にしろ村田にしろ、困っている人を助けたいと本当に思っていただけなんですけどね。

もちろん村田が声をかけてこなければとは、考えたりもします。でもそれは、たらればの話で結局、自分で選んでるわけで。断れるタイミングはいくらでもあったはずなので、そこについては自業自得としか思わないですね。

風評被害の賠償詐欺が増えたのは口コミの存在が大きかった。村田の関わった事件が、まさにそうです。村田の逮捕をきっかけに、口コミで繋がった詐欺まがいが次々と明るみに出たわけで。賠償の手続きを代行するビラまで作って、不正請求を繰り返したんだから。

それに加担した容疑で事情聴取と書類送検されたわけですが、私は本当は悪い人はいないと思います。敢えて言うなら当時の政府や原賠機構にその責任の一端があると思います。責任があるとするのなら、国や原賠機構だと思うんです。

そもそも原発事故で東電が一方的に責められていることに納得していない。いまも被災者の立場を前面に押し出して圧をかけてくる人は少なくない。東電含めみんなが困っているところで、自分たちだけが被害者という立場を崩さない人たちについては、それはないでしょうと思っているわけですよ。本当に早期の復興を願うなら、お互いが寄り添い、アイデアを出し合い、落としどころを見つけて復興するべきでしょう。

やっぱりバランスの問題だと思うんですよね。国はバランスを欠いた賠償をやってしまった。また東電もそれに屈してしまった。そこが問題だと思います。

原発事故を起こしてしまった東電の元社員として「申し訳ない」とは思えない。なぜかと言えば、私がいた部署は原発事業と全く関わってないし、そもそも会社の仕組みを全て理解しているような人間でもない。なので、もちろん凄く大変だなと思いますが、連帯責任を問われ、心から「すまない」と謝罪できるかと問われれば、それは言えません。

賠償の原資は、電気料金と税金です。そして機構は実質、東電の親会社です。だから東電は国有化されているわけで、国が助けなければ東電はなかった。つまり東電は、国に振り回されたんだと思います。

振り返れば、こんなことがありました。原発事故が発生した当初は、どうしても国有化させたくないという話だったんです。

「なんとか自分たちで持ち直す」

「賠償金もなんとか用意する」

そう会社から聞かされていた。でも、二〇一一年の五月くらいに、京大出の同期が本社の震災の復興部門にいて、財務表などを見ながら賠償の試算をした。彼から連絡があって、会社の存続が危ういことを知りました。

「もうダメだよ。東電は無くなるよ」

私が彼に聞き直したところ、彼は「間違いない」と断言しました。賠償金の試算をすると、それだけ東電が追い詰められていると言うのです。

私は彼の言葉を信じました。それで賠償係に手をあげた。どうせ東電が無くなるんだったら、その前に恩返しをしたいと思ったのです。

なぜ東電は国有化の方向に舵を切ったのか。古株の社員曰く、国は国有化したいという意向があり、それに対して東電など電力会社はずっと国と戦ってきた。国は電力利権を手に入れたがっているけど、それを東電はずっと拒み続けてきて、一企業としてやってきたという歴史があるそうなのです。

それで原発事故を機に国は、東電を手中に収めたがっていた。それに対して、いつもなら突っぱねるところ、賠償により屈服せざるを得なかった、と。

そして国有化され、デロイトが入るなどして賠償スキームをザルにすることで東電は生き延びた。でも、結果は東電の勝ちだと思いますね。なにせ、国有化させたことで潰すに潰せなくさせちゃったわけですから。なんなら一旦はマウントを取らせたものの、いまはマウントを取り返しているような状態だと思います。潰せるもんなら潰してみろ、って。

社内を見ると、いまは改革に躍起で、飲酒運転などをして警察の厄介になったら即クビのような状態らしく、清廉潔白な感じで、報奨なども出せないけど、それも綺麗事でしかなくて。潰せないことは分かっていて、それでも隙を見せないために取り繕っているだけ。

いまの東電は開き直って無駄な人件費を払い続けていると思いますね。現場は、震災前も後も仕事のペースは変わっていないし。

その開き直りの一環が、機構にアピールするために結成された渉外調査グループだったんだと思います。だからアピール合戦に陥っているんじゃないでしょうか。賠償はザルじゃない。ちゃんと審査をしているというアリバイを作るためだけの部署なだけで。

そうしていい顔をしていれば機構からカネを引き出せるわけですから。仕事をしていれば潰れない、と。売り上げを立てるというよりは、現状維持をするために仕事を作る。それもそこそこで良くて、賠償金のため機構からカネを引き出す作業をずっとしているという。

まあ、確かに、昔のように仕事中にテレビを見たり新聞を読んだりとサボる人はいなくなりましたけどね。昔はもっと牧歌的でした。もうひどかったですよ。私もその一味でしたが、現場に行けばパチンコやボウリングに行ってサボったり、仕事中に社内の床屋で散髪したり。仕事がなければそのまま帰っちゃう人もいたり。飲酒運転で捕まった人も一人や二人じゃない。組合のカネで旅行にバンバン行ったり。労組があって、委員長になればカネが自由に使えるんですよ。住所検索して芸能人の自宅を探した人も結構いたはずですよ。コンプライアンスのかけらもないような状態でしたから。

審査と不正請求

賠償は単なるガス抜きですよね。そもそも定型的で迅速に支払うロジックになっているので、請求書の全部が不正だとしても過言じゃないと思うんですよ。

被災者を黙らせているだけだと、私は賠償係を経験して思いました。要は、国策でカネをいっぱい握らせるルールを作っただけで。

それを確信したのは、会津若松のテナントや鶯谷のデリヘルなど実態のない請求書を捜査したから。法人や個人事業主だけでなく、個人の賠償にも同様の案件がいくつもあり、警察はやる気次第で摘発できるはずです。でも、警察は詐欺をしらみつぶしに暴こうなんてつもりはサラサラない気がした。東電にしてもある程度摘発して実績を作れば機構からカネを引き出せる、くらいのことだったと思います。

渉外調査グループは、立ち上げは五人ですが、うち二人はシステム系の人で、二人はもともと賠償係でもない人。経験がないから、何が詐欺で何がそうでないかすら判断できないレベルの人だった。つまり、実質は私一人で賠償捜査をしていました。ちゃんと審査をしてますという対外アピールのために、とりあえず仕事に長けていた私があてがわれただけだと思います。

まあ、世の中そういうもんだと思いました。本当なら警視庁も、私がいろんな詐欺案件を報告しているんだから、摘発するはずじゃないですか。事実、鶯谷のデリヘル案件は一年間も放置していたし、村田のこともいっぱい調べてもう、すでに唾をつけていた案件がいっぱいあったらしい。だけど、村田を再逮捕せずに裁判を結審してクローズしちゃった。

刑事は言いました。

「この案件、知ってるよね？　これ、村田が関わってるんだ。被害総額も数億と多いんだよ」

私がしばらく黙っていると、刑事は続けました。

「ああ、いいよ、別に言わなくても。やるかやらないか分かんないし、それは俺が決めることじゃなくて上が決めることだから。俺たちサラリーマンだから。上に言われたらやるだけだから」

もちろん私にしても賠償の全て暴こうなんて気はさらさらない。そこまで強い正義感を持って賠償係をしていたわけではありません。

ただし、目にした案件については、とりあえず見過ごすわけにはいかなかった。弁護士も上司も「分かんないから、とりあえず信用して払えばいいんじゃないの」と、性善説を前提に善悪の判断すらしなかったことに違和感があった。

賠償係として、少なくともジャッジはするべきではと思っていたんです。明らかに水増し請求でも、形にハマっているからと流れ作業で判を押そうとしていたから、それは中身を精査するべき。請求者には、風評被害に至るまでのドラマがあるわけで、そのドラマが作られたものだとしたら、それはそもそも請求が成立しないでしょう、と。

私しかり、現場の賠償係はそう思っていたはずです。審査ですから。それが仕事でしたから。たまたま私は、それを声に出して上司にプレゼンしたまでで。それは正義感じゃなくて、単なる性格でしょうね。

未練

できればすぐにでも戻りたかった。というのも、私のことを逮捕後も最後まで心配してくれた電気の検針員のおばちゃんたちのことが気がかりで。彼女たち、あと一年半でクビになってしまうんですよ。電気の検針が自動化されるので仕事が無くなっちゃうんです。

捕まっても声を出して心配してくれたのはおばちゃんたちだけでした。出社しない私のことを想って、自宅のポストに激励の手紙をいれてくれたり。寂しいですよね。二〇年間一緒に働いていた職場の同僚たちからはそういうアクションは一切なかったから。

しかも逮捕される直前は、仕事の環境が良くなりつつあった。仕事に対する私のモチベーションが高い時期だったんですよね。

電気の検針員が数十人います。以前は検針が終わると毎回、電話で報告していた。それを簡略化するために、私は組織メールで報告できるシステムを作りました。特筆する報告がなければメール一本で終わらせるように改善した。

賠償係で培ったものを出戻っても発揮したんですよ。それを試験的に運用していた段階だったんです。おばちゃんたちからも大好評で、そのシステムが、後一歩で完成するところでした。社内的にも評価され、「表彰ものだね」と上司が張り切っていました。

おばちゃんたちとは辞めてからも交流があります。たまに飲むと、

「もう昔の東電に戻っちゃったよ。帰って来てよ。朝早く電話しても時間外だとケータイにも出ない人ばっかりだし。岩崎さんみたいな人はいない。だから戻ってきてよ」って。

だから辞めるにしても、区切りをつけて道筋を定めてからにしたかった。お世話になりましたって挨拶ぐらいはしたかった。それだけが心残りで。

でも、まあ、不起訴になって婆ちゃんの死に目に会えたことだけは良かった。

『分かってるよな。覚悟しろ。このままだと婆ちゃんの死に目には絶対に会えないぞ』

取り調べで、刑事の富川に言われたこの言葉がずっと脳裏に焼き付いてる。取り調べでボロボロと泣いたから。

婆ちゃんは、私が東電に入ったことを誰よりも喜んでくれていました。四年前から少し呆けてはいたんですが、東電社員で居続けることを誇りに思っていてくれていたんです。

その婆ちゃんも、今年の三月に亡くなりました。私が東電を辞めたことは多分、亡くなるまで気づいていないと思います。夜勤明けとか、出張帰りだとか何かと理由をつけて婆ちゃんの側にいたから。辞めたとは、あえて言いませんでした。やっぱり言えなかった、婆ちゃんだけには。

燻り続ける村田の存在

岩崎から沈んだ声で電話があったのは、このインタビューから一〇日後のことだった。いったい何事か。僕はすぐに会うことを決めた。

聞けば二日前の土曜日、午前七時過ぎ、福島県警の刑事が突然、二人で自宅にやってきたという。刑事は言った。

「福島県警です。岩崎さんでよろしいですか。以前東京電力で働いていた時に担当された、福島の健康センターについて聞きたいことが。その東洋健康センターから計七回賠償請求がされているんですが、そのうち四回、岩崎さんが担当されていたんで、その時のお話を伺いたいんですね。逮捕された村田さんはご存知ですか？」

むろん村田も東洋健康センターも知ってはいた。東電時代に審査をしていたことはもちろん先月、摘発されたのをインターネットで見ていたのだ。

産経新聞の記事である。

■原発賠償金2億超詐取容疑　男二人を逮捕、福島県警

福島県警は三一日、東京電力福島第一原発事故で経営していた公衆浴場が営業損害を受けたと偽り、東電から賠償金約二億三八〇〇万円をだまし取ったとして、詐欺の疑いで韓国籍の会社役員、金孝尚(キムヒヨサン)容疑者（六一）＝同県郡山市＝と、住所不定の無職、村田博志容疑者（六〇）を逮捕した。

県警によると、原発事故の賠償金詐欺の被害額としては過去最大。金容疑者が同市で経営していた東洋健康センター（既に閉店）は、平成二七年までに今回の逮捕容疑分を含めて計約七億円の賠償金を受け取っており、他にも詐取していないかどうか調べる。

逮捕容疑は二四年二月下旬、事故前の浴場の売り上げなどを水増しした請求書類を東電に提出し、三月下旬に賠償金約二億三八〇〇万円をだまし取ったとしている。村田容疑者は金容疑者の知人で、詳しい役割を調べる。

（「産経新聞」二〇一九年一月三一日）


岩崎は言った。

「はい、確か金額が大きくて、五〇〇〇万円を超えていたので所長に承認をもらわないといけない案件でしたよね」

「そうです、そうです。所長決済です」と頷きながら刑事は続けた。

「東洋健康センターは、Kという担当者の名前で何度も請求をしているのですが、Kという人物はどうも存在していなくて、携帯電話の番号が二つありどれも村田さんのものなんですね。だから村田さんがKに頼まれて請求していたんじゃないかと思うんですが、このKとやりとりした記憶はありますか?」

「金額が大きいと所見が必要で、会計士さんに相談しながら作ったりしてましたので、指示があれば連絡をしていますね」

「村田さんとKさんの関係ってわかります」

「いや、わからないですね」

刑事は岩崎を疑っているわけではなかった。

「そうですか。分かりました。ではまた近いうちに、今度は書類を見ながらお話を伺わせてください」

事件の容疑者ではないことは分かったが、まだ村田の事件を引きずらなくてはと思うと、岩崎は身震いした。東洋健康センターしかり村田の関わる賠償詐欺はまだ燻り続け、結果、岩崎は刑事に事情を聞かれた。まだ捜査は続いていたのだ。

当然だろう。東電も警察も予算を勝ち取るためにある程度は仕事をしなくてはならないのだから。

久しぶりの聴取は、岩崎の記憶を忘れもしないあの日に巻き戻した。

岩崎は言う。

「二年前の二月二七日土曜日、こうして同じように刑事がやって来て、警察署に連行されて事情を聞かれて。会社を辞めて逮捕されて、とにかく絵に描いたように転落したんです。だから休みの朝から玄関のドアをノックされたとき、警察が来たってピンときたんですよ」

そしてこの一件で岩崎は、東電に戻る気が完全に失せたのだ。

岩崎が続ける。

「もう東電と関わり続けることは難しいですね。道半ばで見捨てることになってしまった検針員のおばちゃんたちのように、また村田の件で騒ぎになって、いまの職場の人たちにいつ迷惑をかけるかもわからない。無駄に過ごしたと思っていた自分の会社人生が、頼られる立場でこんな風に役に立っているのは正直、嬉しかったけど……。なるべく早く迷惑かけないように辞める覚悟でいます」

刑事の加藤に「君にはヤラれたよ」と言われたあの日から岩崎は、東電と決別する因果にあったのだろう。

エピローグ

〈東電の事故で仕事が頓挫し、収入が途絶えました。東電に電話しても相談にのってもらえず、窓口に相談に行っても「賠償は難しい」と冷たく言われました。

そんななか、岩崎さまは親身になって相談にのってくれ、ちゃんと私の話を聞いてくれて私や妻を救ってくれました。

お声しか分かりませんが、きっと素晴らしい方だと思います。岩崎さまは私にとって、命を救ってくれた神様です〉

ここに、一通のメールがある。差出人は前出の、福島県白河市で樹木のネット販売を営んでいた小島博文さん。受取人はもちろん、岩崎だ。

博文さんの事業が原発事故により立ちいかなくなったことは、既に記した通りだ。一切の収入源を失い困窮する夫妻を岩崎は、賠償係の立場から救った。小島さんは、そのお礼を文書にしたためていたのである。

二〇一九年四月一日、僕は新幹線で福島県白河市に向かっていた。新白河駅で下車した後、少し冷えた風が吹きすさぶなか、スマホの地図アプリを頼りに国道沿いを三〇分ほど歩いて一軒の民家を目指した。家主である小島夫妻に会うためである。

数多の詐欺を内包する風評被害だが、本当に窮した方々も少なくない。そんな背景を知るため、また岩崎の無実を自分なりに確信するうえでも、夫妻には是非とも会っておきたかった。

夫妻が暮らす二階建ての家屋は、国道から坂道を上った住宅街の一角にあった。事業はおそらく廃業したのだろう。そのことは納屋に眠る重機の使用感のなさから窺えた。

インターフォンを押した。奥から年老いた女性の声がした。

「はい、どなたですか?」

僕は素性を明かし、「東電から賠償された当時の話を伺いたい」と取材の趣旨を説明した。女性は「なんで……」と玄関越しにこぼした後、息をつめる。突然の訪問に狼狽しているようだった。

荒んだ空気のなか、得心がいくよう言葉を並べた。

「東電の賠償係をしていた岩崎さんのことはご存知ですよね。実は僕、彼の知人で、彼の取材をしているなかで『小島さんが一番思い入れがある』と聞いて。それで失礼を承知で話を伺うため東京からやってきたんです」

岩崎の名前を出すと、すぐに玄関の扉が開いた。

「あの人の名前を出されては無下にはできません。なんせ命の恩人ですから。ねえ、お父さん」

居間から顔を出した博文さんが「まあ、上がってください」と言いながら頷いた。命の恩人と形容した言葉は、決して大袈裟なものではなかった。

「樹木の事業はもう、震災の一八年前くらいになるっか。信頼度を重視して、栽や樹木の知識を一から勉強して。そして震災の数年前、パソコンを一から勉強してようやく出品までたどり着くことができました。当時はインターネット販売をしているライバルが少なく、なんとか生計が立てられるようになったんですね。

その矢先に原発が爆発したんです。顧客も全国に四〇〇〇人弱。ようやく売り上げが安定してきて、事業が波に乗りかけてこれからっつう時期だったんですね」

博文さんは、事業が手詰まりになった経緯を福島弁の独特のイントネーションでそう振り返った。原発事故が起きるまで小島夫妻の樹木の商売は、全国に多数のファンを抱えるブランド事業だった。老後のため、自分の知識を生かせる事業として始めた。突然の訪問にも関わらず、岩崎の知人ならと明け透けに話してくれたのだ。

「そして出荷停止です。なぜ出荷停止なのかと調べると、原発法という法律があるんですよね。それにより品物を持ち歩けない。要するに、各自治体の組長の許可がないと国道はもちろん村道であっても通れない。樹木を求めて白河までいきますよね。その道を通るだけでも許可が必要ということで。つまり現場に行くのも、放射能汚染された樹木を持ち出すのもダメということです」

月に五〇万円ほどだろうか。売り上げの正確な数字については言葉を濁したが、原発前は一般的なサラリーマン以上の収入があったという。

「それで途方に暮れていたときに岩崎さんから電話をいただきました。そのとき、私たち夫婦が置かれている現状を正直に話しました。震災で道路が陥没したり、マンホールがつくしんぼのようにアスファルトから飛び出ていたり、道路が崩れて通行できなかったり、田んぼも崩れていたり。もちろん家の外壁も崩れ落ちている。

　東電の補償基準値年数がありますよね。それに従って請求書の準備を進めるなかで、行政の方から復旧に当たる業者がいないということで近隣家屋の修繕などもしました。それは補償基準に満たないということで、本当に弱者の立場に立って審査をしてくれる方でした。それで私は『東電にも凄い方がいるんだな』と感じました。だから賠償だけでなく人としての繋がりを持っても大丈夫な方なんだと。人間は、誰しも欲望がありますよね。これだけ補償してください。そうした願望がありますよね。でも、そうした欲を払いのけてすべて、岩崎さんの提案してくれた条件を飲んだんです」

　賠償に必要な売り上げの証明書は破棄した後だった。

「タンスから何から倒れて家のなかはメチャクチャな状態。それを整理するなかで、領収書関係はすべて処分しちゃったの。だからといって、全国を飛び回ってお客さんに領収書の再発行をお願いするのは現実的じゃない。同意書がなければ再発行できないですからね。なので結局、銀行振込の明細だけで補償してもらったんですよね。

　まあ銀行振込の他にも現金収入があったけども。でも現金収入分に関しては一切、請求していません。それは岩崎さんを信じたから。彼の人柄に惹かれてそうしよう、と」

東電から補償されたのは結果、月に三〇万円ほどだった。それでも岩崎を信頼して納得した。

言い足りなさそうに奥さんが、続けた。

「あのね、岩崎さんはウチの夫をひとりの人間として見てくれたんです。最初は電話だけだったけど、後にウチに二回も足を運んでくれてね」

だから僅かなカネでも二つ返事だった。さらに、博文さんはこうも続ける。

「はっきり言って、受付の人たちは支払いたくない人ばっかり。記入漏れがあるとか、書類が足りないとか因縁つけて。そうした流れのなかで、岩崎さんは信頼できると思って相談したんですよ。すると彼は、夜遅くに電話をしても嫌な声ひとつしないで対応してくれたんです」

僕が、「岩崎さんからは明日食べるのも困るほど家計は逼迫していた」と伺っていると聞くと、奥さんが神妙な面持ちで頷いた。そして続けた。

「だって収入がないんですもの。しかも賠償が始まったのは、私たちが周辺の家屋を無償で修繕して貯金を使い果たした後ですから。だから岩崎さんに『補償します』と言われたとき、本当に嬉しかったですよ。それで岩崎さんを全面的に信頼した。もちろん金額を増やしてなどとは言いませんでした」

周辺の家屋や自宅を住める状態にまで戻すことで貯金は使い果たした。自分たちの食い扶持など二の次だったのだ。

「で、岩崎さんは元気にしているの？」

奥さんは言った。岩崎のことを神様とまで言う夫妻を前に答えに窮したが、少し間を開けて言った。

「岩崎さんは書類送検されました」

逮捕されたことを伝え、小島夫妻の反応を見ようと思ったのだ。

「えっ」

奥さんは唖然とすると共に息をつめた。あの岩崎がなぜ、といった表情だった。

「震災による風評被害詐欺に加担した容疑で」

僕がそう続けると、やっと少し冷静になれたようだ。そして言葉を選びながらも、目をそらさずに言う。

「少し前にも東洋健康センターの詐欺がありましたよねぇ」

東洋健康センターの詐欺とは二〇一九年一月三一日、二年前に閉館したこの施設を舞台に、原発事故が原因で営業損害が出たと虚偽の内容で賠償金を請求し、東電から約二億三八〇〇万円を騙し取った事件だ。

「そうです。東洋健康センターの事件に村田という人物が関わっていたんですが……」

「はいはい、新聞で見ました」

「岩崎さんは、その村田と震災前から付き合いがあったんですよ。で、岩崎さんは詐欺とは知らずに申請書類についてアドバイスをしていました。なのに警察は、岩崎さんが指南したとして逮捕したんです」

「嗚呼、そおなのぉ。知らなかった」

何気ない返答だが岩崎への憂慮が伝わってくる。

「結果、岩崎さんは不起訴になったんですけど」

僕と奥さんの会話を、ずっと顔を強張らせて聞いていた博文さんが口角泡を飛ばして言う。

「あの人は詐欺に加担するような人間じゃありません。真っ当に生きてる人」

奥さんも同調する。

「あのね、岩崎さんは『大変だろうから』と、自分のお金を白河駅まで持ってきてくれた人ですよ」

そのことは既に、岩崎から聞いていた。賠償金が振り込まれるまでの繋ぎ資金として小島夫妻に、個人的に用立てした、と。

僕が「いくらぐらい？」と聞くと、岩崎は「少しだけですけど……」と言葉を濁していた。僕は、せいぜい数万円だろうと予想し、具体的な数字までは追及していなかった。

改めて問うた。

「おいくらぐらいだったんですか？」

「二八〇万円」

「えっ、個人的に二八〇万円も？」

驚いた。親族であっても躊躇するほどの大金。知人なら尚更だ。いくら震災で困っている被災者だからといっておいそれと貸せる金額ではない。

「そうです。しかも岩崎さんは、嫌な顔ひとつしていませんでした。あの人はね、本当に被災者の立場っつうのを理解してくれていた。おそらく岩崎さんのポケットマネーだと思います。もちろん全額返しましたけど。だから感謝してますよ、本当に」

「お金のことはどちらから切り出したんですか？」

「岩崎さんからです」

小島夫妻は異口同音に岩崎への揺るぎない感謝を口にした。

後に岩崎に確認すると、「小島さんが望む期日までに東電が賠償金を払えなかったら」と、さも当然のごとくその理由を淡々と語った。


奥さんが入れてくれたコーヒーに口を付けて僕は、一息ついた。

「その後はどうして暮らしていたんですか？」

僕は聞いた。博文さんは口にした。

「一年ほど前から除染関連の仕事をしています。それまでは原発の勉強に没頭していました。福島や隣県の、原発で被害を被った人や未来の子供たちのためになんとかしたい、と。誰もやらないなら俺がやる、との思いで。

最後に岩崎さんにお会いしたとき、こう励まされたんです。『小島さんは福島の未来のために頑張ってください。私は東電の体質を改善できるように頑張ります』って」

震災がなければ、そのまま樹木の事業を続けてこの地で一生を終える未来図だった。東電からすれば予想だにしないことだったのかもしれないが、つくづく原発事故は罪深いと思う。

奥さんは言った。

「岩崎さんはいま、どうしてるの?」

「東電をクビになり、いまは派遣の仕事をしています。だから苦労されています」

「それを聞くと胸が痛いねぇ、本当に……」

言いよどんだ末の言葉だった。神妙な顔をする奥さんとは真逆に博文さんから湧き上がるのは、岩崎をクビにした東電や誤認逮捕した警察への憤りだ。

「自分もそれを聞いて苦しいよ。いや、だからね、神様って本当に存在するのかって。だってね、なんで真っ当に生きてる人間がバカを見るのぉ」

改めて、聞いた。

「最初に請求したときは門前払いだったんですか?」

「そうですね、違う担当の方で。だってね、実際に東電は賠償金を出したくないんだもんね。東電には要望書を何回も出しました。それを、たまたま岩崎さんが見て取り上げてくれたからいまがあるだけで。家屋の罹災証明書も申請しました。でも認められませんでした。なんでもヒビの数が少なかったみたい。もちろん検査員の人柄にもよるんだよね。他人事だからね、自分の身内は最優先にして」

「そんな状態なんですね。なら岩崎さんがいなかったら……」

「ウチなんかは終わりだよ。いまの生活は無かったでしょうね。近くに息子夫婦が住んでるけど、頼れないし。子供は子供の生活があるからね」

「周辺で同じように商売をされていた方は……」

「辞めた人もいるし、自殺した人もいるし」

「自殺……ですか」

「そうですよ、賠償金が出ないから。一一年に震災が起きますよね。その前年の売り上げなら誰しも保管していると思うんです。でも三年前までの売り上げで補償しますよと言われても、そんな前のやつ保管してないですよ。ウチは保管してたけど、復旧作業のなかで捨てちゃった。だって法人賠償が始まったのは、震災から一年くらい経ってからでしょう。

東電の、郡山出張所の部長を名乗る賠償係がウチに来て、『私たちは政府の人間より上なんです。アナタたちのことを潰そうと思えば簡単に潰せるんです』と啖呵を切って帰っていきました。最終的に領収書が一枚でもあれば支払いますと言ったのに、なんとか探して一枚の領収書を持って行ったら、我慢しろ、カネを請求してんじゃねぇ！　って啖呵を切られたんだから。もうヤクザ以上でしたよ。対応が郡山出張所に変わり、もう岩崎さんを頼れなくなった後の話です。市会議員まで間に入ってもらって請求したのにだよ。結局、賠償されたのは一年ほどです。

要するに、賠償を打ち切れという指示が上からあったんでしょう。打ち切れば、担当者は昇級に繋がるわけ。領収書を持って行ったら、『私、栄転になりましたら』と、門前払いだったんですから」

「新白河は一年をめどに打ち切られたんですか？」

「そうですね。もちろん政治力やなんだで賠償が続いた人もいるでしょうけど、一般的には」

個人差はあるが、一つの事例として、少なくとも小島夫妻の賠償は一年ほどで打ち切られた。

「避難区域内の方々は充分な補償が受けられています。仕事をしなければ補償が続く。その格差については……」

「どうも何も、妬んでもしょうがないから」

「国の方でそう決めちゃってるから」と、奥さんが続ける。

「私たちが声をあげても補償が受けられるわけではないし。だから原発で潤った地域にまたお金がきた、っていう程度の感覚かなぁ。もちろんウチより被害はあったはずだから当然のことだけど。自分たちは自分たちの生活をなんとかして守るしかないかなぁ」

小島夫妻の証言に少なくとも僕は、岩崎の潔白を確信した。こうして見ず知らずの被災者にポンと大金を貸す男が、詐欺だと知って悪事に加担するはずがない。それに僕は、見返りを求めずカネを貸すという人間で悪事を働く者には会ったことがない。

では、なぜ警察は岩崎を書類送検したのか。なぜ、東電は岩崎を解雇することになったのか。僕は、ここにこそ問題の本質があるように思う。

岩崎が語った言葉が思い出される。

〈国はバランスを欠いた賠償をやってしまった。また東電もそれに屈してしまった〉

東電と国と原賠機構。その三つ巴の主従関係が、詐欺師たちを賠償審査の網の目からこぼす結果を招いてしまったのである。

新たに賠償詐欺が発覚したのは、東京に戻った二日後のこと。また村田が関わる事件だった。

■原発賠償金四〇〇〇万円詐取の疑い　福島県警、男三人逮捕

福島県警は三日、経営する建設会社が東京電力福島第一原発事故で営業損害を受けたと偽り、東電から賠償金約四五〇〇万円をだまし取ったとして、詐欺の疑いで会社役員、吉田浩二容疑者（六四）＝同県須賀川市＝ら三人を逮捕した。

（「産経新聞」二〇一九年四月三日）

逮捕容疑は、吉田容疑者の建設会社が事故による風評被害で工事のキャンセルが出たなどと偽った請求書を東電に提出し、約四五〇〇万円を詐取したことだ。そして吉田浩二の他に、村田博志と金孝尚がまた、逮捕されたのだ。

終わりの見えない震災復興の裏で、風評被害を装った詐欺もまた、結末は不可視である。岩崎が東電社員として過ごした二三年間は、幸か不幸か、その闇に光を当てることになった。

二〇一九年七月　高木瑞穂

著者略歴
高木瑞穂（たかぎ・みずほ）
ノンフィクションライター。風俗専門誌編集長、週刊誌記者などを経てフリーに。主に社会・風俗の犯罪事件を取材・執筆。著書に『売春島「最後の桃源郷」渡鹿野島ルポ』（彩図社）、『裏オプ　JKビジネスを天国と呼ぶ“女子高生”12人の生告白』（大洋図書）ほか。
Twitter（@takagimizuho2）

カバー写真提供：朝日新聞社

黒い賠償（ばいしょう）
賠償総額９兆円の渦中で逮捕された男

2019年9月20日第一刷

著　者　　高木瑞穂
発行人　　山田有司
発行所　　株式会社　彩図社
東京都豊島区南大塚3-24-4
ＭＴビル　〒170-0005
TEL：03-5985-8213　FAX：03-5985-8224
印刷所　　シナノ印刷株式会社
URL：http://www.saiz.co.jp
https://twitter.com/saiz_sha

ISBN978-4-8013-0399-7 C0095